MALAIO
VOCABULÁRIO

PORTUGUÊS BRASILEIRO

PORTUGUÊS
MALAIO

Para alargar o seu léxico e apurar
as suas competências linguísticas

7000 palavras

Vocabulário Português Brasileiro-Malaio - 7000 palavras

Por Andrey Taranov, Victor Pogadaev

Os vocabulários da T&P Books destinam-se a ajudar a aprender, a memorizar, e a rever palavras estrangeiras. O dicionário é dividido em temas, cobrindo todas as principais esferas de atividades quotidianas, negócios, ciência, cultura, etc.

O processo de aprendizagem, utilizando os dicionários baseados em temáticas da T&P Books dá-lhe as seguintes vantagens:

- Informação de origem corretamente agrupada predetermina o sucesso em fases subsequentes da memorização de palavras
- Disponibilização de palavras derivadas da mesma raiz, o que permite a memorização de unidades de texto (em vez de palavras separadas)
- Pequenas unidades de palavras facilitam o processo de estabelecimento de vínculos associativos necessários para a consolidação do vocabulário
- O nível de conhecimento da língua pode ser estimado pelo número de palavras aprendidas

T&P Books Publishing
www.tpbooks.com

ISBN: 978-1-78767-335-9

Este livro também está disponível em formato E-book.
Por favor visite www.tpbooks.com ou as principais livrarias on-line.

VOCABULÁRIO MALAIO
palavras mais úteis

Os vocabulários da T&P Books destinam-se a ajudar a aprender, a memorizar, e a rever palavras estrangeiras. O vocabulário contém mais de 7000 palavras de uso comum organizadas tematicamente.

O vocabulário contém as palavras mais comummente usadas
Recomendado como adicional para qualquer curso de línguas
Satisfaz as necessidades dos iniciados e dos alunos avançados de línguas estrangeiras
Conveniente para o uso diário, sessões de revisão e atividades de auto-teste
Permite avaliar o seu vocabulário

Características especias do vocabulário

*   As palavras estão organizadas de acordo com o seu significado, e não por ordem alfabética
*   As palavras são apresentadas em três colunas para facilitar os processos de revisão e auto-teste
*   As palavras compostas são divididas em pequenos blocos para facilitar o processo de aprendizagem
*   O vocabulário oferece uma transcrição simples e adequada de cada palavra estrangeira

O vocabulário contém 198 tópicos incluindo:

Conceitos básicos, Números, Cores, Meses, Estações do ano, Unidades de medida, Roupas & Acessórios, Alimentos & Nutrição, Restaurante, Membros da Família, Parentes, Caráter, Sentimentos, Emoções, Doenças, Cidade, Passeios, Compras, Dinheiro, Casa, Lar, Escritório, Trabalho no Escritório, Importação & Exportação, Marketing, Pesquisa de Emprego, Esportes, Educação, Computador, Internet, Ferramentas, Natureza, Países, Nacionalidades e muito mais ...

TABELA DE CONTEÚDOS

GUIA DE PRONUNCIAÇÃO

Alfabeto fonético T&P	Exemplo Malaio	Exemplo Português
[a]	naskhah [naskah]	chamar
[e]	lebar [lebar]	metal
[ɛ]	teman [tɛman]	mesquita
[i]	lidah [lidah]	sinônimo
[o]	blok [blok]	lobo
[u]	kebun [kɛbun]	bonita

Consoantes

[b]	burung [buruŋ]	barril
[d]	dunia [dunia]	dentista
[dʒ]	panjang [pandʒaŋ]	adjetivo
[f]	platform [platform]	safári
[g]	granit [granit]	gosto
[ɣ]	spaghetti [spaɣeti]	agora
[j]	layar [lajar]	Vietnã
[h]	matahari [matahari]	[h] aspirada
[k]	mekanik [mekanik]	aquilo
[l]	lelaki [lɛlaki]	libra
[m]	memukul [mɛmukul]	magnólia
[n]	nenek [nenek]	natureza
[ŋ]	gunung [gunuŋ]	alcançar
[p]	pemuda [pɛmuda]	presente
[r]	rakyat [rakjat]	riscar
[s]	sembuh [sɛmbuh]	sanita
[ʃ]	champagne [ʃampejn]	mês
[t]	matematik [matɛmatik]	tulipa
[χ]	akhirat [aχirat]	fricativa uvular surda
[tʃ]	cacing [tʃatʃiŋ]	Tchau!
[ɕ]	syurga [ɕurga]	shiatsu
[v]	Taiwan [tajvan]	fava
[z]	zuriat [zuriat]	sésamo
[w]	penguasa [pɛŋwasa]	página web

ABREVIATURAS
usadas no vocabulário

Abreviaturas do Português

adj	-	adjetivo
adv	-	advérbio
anim.	-	animado
conj.	-	conjunção
desp.	-	esporte
etc.	-	Etcetera
ex.	-	por exemplo
f	-	nome feminino
f pl	-	feminino plural
fem.	-	feminino
inanim.	-	inanimado
m	-	nome masculino
m pl	-	masculino plural
m, f	-	masculino, feminino
masc.	-	masculino
mat.	-	matemática
mil.	-	militar
pl	-	plural
prep.	-	preposição
pron.	-	pronome
sb.	-	sobre
sing.	-	singular
v aux	-	verbo auxiliar
vi	-	verbo intransitivo
vi, vt	-	verbo intransitivo, transitivo
vr	-	verbo reflexivo
vt	-	verbo transitivo

CONCEITOS BÁSICOS

Conceitos básicos. Parte 1

1. Pronomes

eu	saya, aku	[saja], [aku]
você	awak	[avak]
ele, ela	dia, ia	[dia], [ia]
nós	kami, kita	[kami], [kita]
vocês	kamu	[kamu]
o senhor, -a	anda	[anda]
senhores, -as	anda	[anda]
eles, elas (inanim.)	ia	[ia]
eles, elas (anim.)	mereka	[mɛreka]

2. Cumprimentos. Saudações. Despedidas

Oi!	Helo!	[helo]
Olá!	Helo!	[helo]
Bom dia!	Selamat pagi!	[sɛlamat pagi]
Boa tarde!	Selamat petang!	[sɛlamat pɛtaŋ]
Boa noite!	Selamat petang!	[sɛlamat pɛtaŋ]
cumprimentar (vt)	bersapa	[bɛrsapa]
Oi!	Hai!	[haj]
saudação (f)	sambutan	[sambutan]
saudar (vt)	menyambut	[mɛnjambut]
Tudo bem?	Apa khabar?	[apa kabar]
E aí, novidades?	Apa yang baru?	[apa jaŋ baru]
Tchau! Até logo!	Sampai jumpa lagi!	[sampaj dʒumpa lagi]
Até breve!	Sampai jumpa lagi!	[sampaj dʒumpa lagi]
Adeus!	Selamat tinggal!	[sɛlamat tiŋgal]
despedir-se (dizer adeus)	minta diri	[minta diri]
Até mais!	Jumpa lagi!	[dʒumpa lagi]
Obrigado! -a!	Terima kasih!	[tɛrima kasih]
Muito obrigado! -a!	Terima kasih banyak!	[tɛrima kasih banjak]
De nada	Sama-sama	[sama sama]
Não tem de quê	Sama-sama!	[sama sama]
Não foi nada!	Sama-sama	[sama sama]
Desculpa!	Maaf!	[maaf]
Desculpe!	Minta maaf!	[minta maaf]

desculpar (vt)	memaafkan	[mɛmaafkan]
desculpar-se (vr)	minta maaf	[minta maaf]
Me desculpe	Maafkan saya	[maafkan saja]
Desculpe!	Maaf!	[maaf]
perdoar (vt)	memaafkan	[mɛmaafkan]
Não faz mal	Tidak apa-apa!	[tidak apa apa]
por favor	sila, tolong	[sila], [toloŋ]
Não se esqueça!	Jangan lupa!	[dʒaŋan lupa]
Com certeza!	Tentu!	[tɛntu]
Claro que não!	Tentu tidak!	[tɛntu tidak]
Está bem! De acordo!	Setuju!	[sɛtudʒu]
Chega!	Cukuplah!	[tʃukuplah]

3. Números cardinais. Parte 1

zero	sifar	[sifar]
um	satu	[satu]
dois	dua	[dua]
três	tiga	[tiga]
quatro	empat	[ɛmpat]
cinco	lima	[lima]
seis	enam	[ɛnam]
sete	tujuh	[tudʒuh]
oito	lapan	[lapan]
nove	sembilan	[sɛmbilan]
dez	sepuluh	[sɛpuluh]
onze	sebelas	[sɛblas]
doze	dua belas	[dua blas]
treze	tiga belas	[tiga blas]
catorze	empat belas	[ɛmpat blas]
quinze	lima belas	[lima blas]
dezesseis	enam belas	[ɛnam blas]
dezessete	tujuh belas	[tudʒuh blas]
dezoito	lapan belas	[lapan blas]
dezenove	sembilan belas	[sɛmbilan blas]
vinte	dua puluh	[dua puluh]
vinte e um	dua puluh satu	[dua puluh satu]
vinte e dois	dua puluh dua	[dua puluh dua]
vinte e três	dua puluh tiga	[dua puluh tiga]
trinta	tiga puluh	[tiga puluh]
trinta e um	tiga puluh satu	[tiga puluh satu]
trinta e dois	tiga puluh dua	[tiga puluh dua]
trinta e três	tiga puluh tiga	[tiga puluh tiga]
quarenta	empat puluh	[ɛmpat puluh]
quarenta e um	empat puluh satu	[ɛmpat puluh satu]
quarenta e dois	empat puluh dua	[ɛmpat puluh dua]
quarenta e três	empat puluh tiga	[ɛmpat puluh tiga]

cinquenta	lima puluh	[lima puluh]
cinquenta e um	lima puluh satu	[lima puluh satu]
cinquenta e dois	lima puluh dua	[lima puluh dua]
cinquenta e três	lima puluh tiga	[lima puluh tiga]
sessenta	enam puluh	[ɛnam puluh]
sessenta e um	enam puluh satu	[ɛnam puluh satu]
sessenta e dois	enam puluh dua	[ɛnam puluh dua]
sessenta e três	enam puluh tiga	[ɛnam puluh tiga]
setenta	tujuh puluh	[tudʒuh puluh]
setenta e um	tujuh puluh satu	[tudʒuh puluh satu]
setenta e dois	tujuh puluh dua	[tudʒuh puluh dua]
setenta e três	tujuh puluh tiga	[tudʒuh puluh tiga]
oitenta	lapan puluh	[lapan puluh]
oitenta e um	lapan puluh satu	[lapan puluh satu]
oitenta e dois	lapan puluh dua	[lapan puluh dua]
oitenta e três	lapan puluh tiga	[lapan puluh tiga]
noventa	sembilan puluh	[sɛmbilan puluh]
noventa e um	sembulan puluh satu	[sɛmbulan puluh satu]
noventa e dois	sembilan puluh dua	[sɛmbilan puluh dua]
noventa e três	sembilan puluh tiga	[ɛembilan puluh tiga]

4. Números cardinais. Parte 2

cem	seratus	[sɛratus]
duzentos	dua ratus	[dua ratus]
trezentos	tiga ratus	[tiga ratus]
quatrocentos	empat ratus	[ɛmpat ratus]
quinhentos	lima ratus	[lima ratus]
seiscentos	enam ratus	[ɛnam ratus]
setecentos	tujuh ratus	[tudʒuh ratus]
oitocentos	lapan ratus	[lapan ratus]
novecentos	sembilan ratus	[sɛmbilan ratus]
mil	seribu	[sɛribu]
dois mil	dua ribu	[dua ribu]
três mil	tiga ribu	[tiga ribu]
dez mil	sepuluh ribu	[sɛpuluh ribu]
cem mil	seratus ribu	[sɛratus ribu]
um milhão	juta	[dʒuta]
um bilhão	billion	[billion]

5. Números. Frações

fração (f)	pecahan	[pɛtʃahan]
um meio	seperdua	[sɛpɛrdua]
um terço	sepertiga	[sɛpɛrtiga]
um quarto	seperempat	[sɛpɛrɛmpat]

um oitavo	seperlapan	[sɛpɛrlapan]
um décimo	sepersepuluh	[sɛpɛrsɛpuluh]
dois terços	dua pertiga	[dua pɛrtiga]
três quartos	tiga suku	[tiga suku]

6. Números. Operações básicas

subtração (f)	kira-kira tolak	[kira kira tolak]
subtrair (vi, vt)	tolak	[tolak]
divisão (f)	pembahagian	[pɛmbahagian]
dividir (vt)	membahagi	[mɛmbahagi]

adição (f)	campuran	[ʧampuran]
somar (vt)	mencampurkan	[mɛnʧampurkan]
adicionar (vt)	menambah	[mɛnambah]
multiplicação (f)	pendaraban	[pɛndaraban]
multiplicar (vt)	mengalikan	[mɛŋalikan]

7. Números. Diversos

algarismo, dígito (m)	angka	[aŋka]
número (m)	nombor	[nombor]
numeral (m)	kata bilangan	[kata bilaŋan]
menos (m)	minus	[minus]
mais (m)	plus	[plus]
fórmula (f)	formula, rumus	[formula], [rumus]
cálculo (m)	penghitungan	[pɛŋɣituŋan]
contar (vt)	menghitung	[mɛŋɣituŋ]
calcular (vt)	menghitung	[mɛŋɣituŋ]
comparar (vt)	membandingkan	[mɛmbandiŋkan]

Quanto, -os, -as?	Berapa?	[brapa]
soma (f)	jumlah	[dʒumlah]
resultado (m)	hasil	[hasil]
resto (m)	sisa, baki	[sisa], [baki]
alguns, algumas …	beberapa	[bɛbrapa]
pouco (~ tempo)	sedikit	[sɛdikit]
resto (m)	bakinya	[bakinja]
um e meio	satu setengah	[satu sɛtɛŋah]
dúzia (f)	dozen	[dozen]

ao meio	dua	[dua]
em partes iguais	rata	[rata]
metade (f)	setengah	[sɛtɛŋah]
vez (f)	kali	[kali]

8. Os verbos mais importantes. Parte 1

| abrir (vt) | membuka | [mɛmbuka] |
| acabar, terminar (vt) | menamatkan | [mɛnamatkan] |

aconselhar (vt)	menasihatkan	[mɛnasihatkan]
adivinhar (vt)	meneka	[mɛnɛka]
advertir (vt)	memperingati	[mɛmpɛriŋati]
ajudar (vt)	membantu	[mɛmbantu]
almoçar (vi)	makan tengah hari	[makan tɛŋah hari]
alugar (~ um apartamento)	menyewa	[mɛnjeva]
amar (pessoa)	mencintai	[mɛntʃintai]
ameaçar (vt)	mengugut	[mɛŋugut]
anotar (escrever)	mencatat	[mɛntʃatat]
apressar-se (vr)	tergesa-gesa	[tɛrgɛsa gɛsa]
arrepender-se (vr)	terkilan	[tɛrkilan]
assinar (vt)	menandatangani	[mɛnandataŋani]
brincar (vi)	berjenaka	[bɛrdʒɛnaka]
brincar, jogar (vi, vt)	bermain	[bɛrmajn]
buscar (vt)	mencari	[mɛntʃari]
caçar (vi)	memburu	[mɛmburu]
cair (vi)	jatuh	[dʒatuh]
cavar (vt)	menggali	[mɛŋgali]
chamar (~ por socorro)	memanggil	[mɛmaŋgil]
chegar (vi)	datang	[dataŋ]
chorar (vi)	menangis	[mɛnaŋis]
começar (vt)	memulakan	[mɛmulakan]
comparar (vt)	membandingkan	[mɛmbandiŋkan]
concordar (dizer "sim")	setuju	[sɛtudʒu]
confiar (vt)	mempercayai	[mɛmpɛrtʃajai]
confundir (equivocar-se)	mengelirukan	[mɛŋɛlirukan]
conhecer (vt)	kenal	[kɛnal]
contar (fazer contas)	menghitung	[mɛŋɣituŋ]
contar com ...	mengharapkan	[mɛŋɣarapkan]
continuar (vt)	meneruskan	[mɛnɛruskan]
controlar (vt)	mengawal	[mɛŋaval]
convidar (vt)	menjemput	[mɛndʒɛmput]
correr (vi)	lari	[lari]
criar (vt)	menciptakan	[mɛntʃiptakan]
custar (vt)	berharga	[bɛrharga]

9. Os verbos mais importantes. Parte 2

dar (vt)	memberi	[mɛmbri]
dar uma dica	memberi bayangan	[mɛmbri bajaŋan]
decorar (enfeitar)	menghiasi	[mɛŋɣiasi]
defender (vt)	membela	[mɛmbɛla]
deixar cair (vt)	tercicir	[tɛrtʃitʃir]
descer (para baixo)	turun	[turun]
desculpar (vt)	memaafkan	[mɛmaafkan]
desculpar-se (vr)	minta maaf	[minta maaf]
dirigir (~ uma empresa)	memimpin	[mɛmimpin]

discutir (notícias, etc.)	membincangkan	[mɛmbintʃaŋkan]
disparar, atirar (vi)	menembak	[mɛnembak]
dizer (vt)	berkata	[bɛrkata]
duvidar (vt)	ragu-ragu	[ragu ragu]
encontrar (achar)	menemui	[mɛnɛmui]
enganar (vt)	menipu	[mɛnipu]

entender (vt)	memahami	[mɛmahami]
entrar (na sala, etc.)	masuk	[masuk]
enviar (uma carta)	mengirim	[mɛŋirim]
errar (enganar-se)	salah	[salah]
escolher (vt)	memilih	[mɛmilih]

esconder (vt)	menyorokkan	[mɛnjorokkan]
escrever (vt)	menulis	[mɛnulis]
esperar (aguardar)	menunggu	[mɛnuŋgu]
esperar (ter esperança)	harap	[harap]
esquecer (vt)	melupakan	[mɛlupakan]

estar (vi)	sedang	[sɛdaŋ]
estudar (vt)	mempelajari	[mɛmpɛladʒari]
exigir (vt)	menuntut	[mɛnuntut]
existir (vi)	wujud	[vudʒud]
explicar (vt)	menjelaskan	[mɛndʒɛlaskan]

falar (vi)	bercakap	[bɛrtʃakap]
faltar (a la escuela, etc.)	meninggalkan	[mɛniŋgalkan]
fazer (vt)	membuat	[mɛmbuat]
ficar em silêncio	diam	[diam]
gabar-se (vr)	bercakap besar	[bɛrtʃakap bɛsar]

gostar (apreciar)	suka	[suka]
gritar (vi)	berteriak	[bɛrtɛriak]
guardar (fotos, etc.)	menyimpan	[mɛnjimpan]
informar (vt)	memberitahu	[mɛmbritahu]
insistir (vi)	mendesak	[mɛndɛsak]

insultar (vt)	menghina	[mɛŋɣina]
interessar-se (vr)	menaruh minat	[mɛnaruh minat]
ir (a pé)	berjalan	[bɛrdʒalan]
ir nadar	mandi	[mandi]
jantar (vi)	makan malam	[makan malam]

10. Os verbos mais importantes. Parte 3

ler (vt)	membaca	[mɛmbatʃa]
libertar, liberar (vt)	membebaskan	[mɛmbebaskan]
matar (vt)	membunuh	[mɛmbunuh]
mencionar (vt)	menyebut	[mɛnjebut]
mostrar (vt)	menunjukkan	[mɛnundʒukkan]

mudar (modificar)	mengubah	[mɛŋubah]
nadar (vi)	berenang	[bɛrɛnaŋ]
negar-se a ... (vr)	menolak	[mɛnolak]

objetar (vt)	membantah	[mɛmbantah]
observar (vt)	menyaksikan	[mɛnjaksikan]
ordenar (mil.)	memerintah	[mɛmɛrintah]
ouvir (vt)	mendengar	[mɛndɛŋar]
pagar (vt)	membayar	[mɛmbajar]
parar (vi)	berhenti	[bɛrhɛnti]

parar, cessar (vt)	memberhentikan	[mɛmbɛrhɛntikan]
participar (vi)	menyertai	[mɛnjertai]
pedir (comida, etc.)	menempah	[mɛnɛmpah]
pedir (um favor, etc.)	meminta	[mɛminta]
pegar (tomar)	mengambil	[mɛŋambil]

pegar (uma bola)	menangkap	[mɛnaŋkap]
pensar (vi, vt)	berfikir	[bɛrfikir]
perceber (ver)	memerhatikan	[mɛmɛrhatikan]
perdoar (vt)	memaafkan	[mɛmaafkan]
perguntar (vt)	menyoal	[mɛnjoal]

permitir (vt)	mengizinkan	[mɛŋiziŋkan]
pertencer a … (vi)	kepunyaan	[kɛpunjaan]
planejar (vt)	merancang	[mɛrantʃaŋ]
poder (~ fazer algo)	boleh	[bole]
possuir (uma casa, etc.)	memiliki	[mɛmiliki]

preferir (vt)	lebih suka	[lɛbih suka]
preparar (vt)	memasak	[mɛmasak]
prever (vt)	menjangkakan	[mɛndʒaŋkakan]
prometer (vt)	menjanji	[mɛndʒandʒi]
pronunciar (vt)	menyebut	[mɛnjebut]

propor (vt)	mencadangkan	[mɛntʃadaŋkan]
punir (castigar)	menghukum	[mɛŋχukum]
quebrar (vt)	memecahkan	[mɛmɛtʃahkan]
queixar-se de …	mengadu	[mɛŋadu]
querer (desejar)	mahu, hendak	[mahu], [hɛndak]

11. Os verbos mais importantes. Parte 4

ralhar, repreender (vt)	memarahi	[mɛmarahi]
recomendar (vt)	menasihatkan	[mɛnasihatkan]
repetir (dizer outra vez)	mengulang	[mɛŋulaŋ]
reservar (~ um quarto)	menempah	[mɛnɛmpah]
responder (vt)	menjawab	[mɛndʒavab]

rezar, orar (vi)	bersembahyang	[bɛrsɛmbahjaŋ]
rir (vi)	ketawa	[kɛtava]
roubar (vt)	mencuri	[mɛntʃuri]
saber (vt)	tahu	[tahu]
sair (~ de casa)	keluar	[kɛluar]

salvar (resgatar)	menyelamatkan	[mɛnjelamatkan]
seguir (~ alguém)	mengikuti	[mɛŋikuti]
sentar-se (vr)	duduk	[duduk]

| ser (vi) | ialah | [ialah] |
| ser necessário | diperlukan | [dipɛrlukan] |

significar (vt)	bererti	[bɛrɛrti]
sorrir (vi)	senyum	[sɛnjum]
subestimar (vt)	memperkecilkan	[mɛmpɛrkɛtʃilkan]
surpreender-se (vr)	hairan	[hajran]

tentar (~ fazer)	mencuba	[mɛntʃuba]
ter (vt)	mempunyai	[mɛmpunjai]
ter fome	lapar	[lapar]

ter medo	takut	[takut]
ter sede	haus	[haus]
tocar (com as mãos)	menyentuh	[mɛnjentuh]
tomar café da manhã	makan pagi	[makan pagi]
trabalhar (vi)	bekerja	[bɛkɛrdʒa]
traduzir (vt)	menterjemahkan	[mɛntɛrdʒɛmahkan]

unir (vt)	menyatukan	[mɛnjatukan]
vender (vt)	menjual	[mɛndʒual]
ver (vt)	melihat	[mɛlihat]
virar (~ para a direita)	membelok	[mɛmblok]
voar (vi)	terbang	[tɛrbaŋ]

12. Cores

cor (f)	warna	[varna]
tom (m)	sisip warna	[sisip varna]
tonalidade (m)	warna	[varna]
arco-íris (m)	pelangi	[pɛlaŋi]

branco (adj)	putih	[putih]
preto (adj)	hitam	[hitam]
cinza (adj)	abu-abu	[abu abu]

verde (adj)	hijau	[hidʒau]
amarelo (adj)	kuning	[kuniŋ]
vermelho (adj)	merah	[merah]

azul (adj)	biru	[biru]
azul claro (adj)	biru muda	[biru muda]
rosa (adj)	merah jambu	[merah dʒambu]
laranja (adj)	oren, jingga	[oren], [dʒiŋga]
violeta (adj)	ungu	[uŋu]
marrom (adj)	coklat	[tʃoklat]

| dourado (adj) | emas | [ɛmas] |
| prateado (adj) | keperak-perakan | [kɛperak perakan] |

bege (adj)	kuning air	[kuniŋ air]
creme (adj)	putih kuning	[putih kuniŋ]
turquesa (adj)	firus	[firus]
vermelho cereja (adj)	merah ceri	[merah tʃeri]

lilás (adj)	ungu	[uŋu]
carmim (adj)	merah lembayung	[merah lɛmbajuŋ]
claro (adj)	terang	[tɛraŋ]
escuro (adj)	gelap	[glap]
vivo (adj)	berkilau	[bɛrkilau]
de cor	berwarna	[bɛrvarna]
a cores	berwarna	[bɛrvarna]
preto e branco (adj)	hitam-putih	[hitam putih]
unicolor (de uma só cor)	polos	[polos]
multicolor (adj)	beraneka warna	[bɛraneka varna]

13. Questões

Quem?	Siapa?	[siapa]
O que?	Apa?	[apa]
Onde?	Di mana?	[di mana]
Para onde?	Ke mana?	[kɛ mana]
De onde?	Dari mana?	[dari mana]
Quando?	Bila?	[bila]
Para quê?	Untuk apa?	[untuk apa]
Por quê?	Mengapa?	[mɛŋapa]
Para quê?	Untuk apa?	[untuk apa]
Como?	Bagaimana?	[bagajmana]
Qual (~ é o problema?)	Apa? Yang mana?	[apa], [jaŋ mana]
Qual (~ deles?)	Yang mana?	[jaŋ mana]
A quem?	Kepada siapa?	[kɛpada siapa]
De quem?	Tentang siapa?	[tɛntaŋ siapa]
Do quê?	Tentang apa?	[tɛntaŋ apa]
Com quem?	Dengan siapa?	[dɛŋan siapa]
Quanto, -os, -as?	Berapa?	[brapa]
De quem (~ é isto?)	Siapa punya?	[siapa punja]

14. Palavras funcionais. Advérbios. Parte 1

Onde?	Di mana?	[di mana]
aqui	di sini	[di sini]
lá, ali	di situ	[di situ]
em algum lugar	pada sesuatu tempat	[pada sɛsuatu tɛmpat]
em lugar nenhum	tak di mana-mana	[tak di mana mana]
perto de ...	dekat, kat	[dɛkat], [kat]
perto da janela	kat tingkap	[kat tiŋkap]
Para onde?	Ke mana?	[kɛ mana]
aqui	ke sini	[kɛ sini]
para lá	ke situ	[kɛ situ]

daqui	dari sini	[dari sini]
de lá, dali	dari situ	[dari situ]
perto	dekat	[dɛkat]
longe	jauh	[dʒauh]
perto de ...	dekat	[dɛkat]
à mão, perto	dekat	[dɛkat]
não fica longe	tidak jauh	[tidak dʒauh]
esquerdo (adj)	kiri	[kiri]
à esquerda	di kiri	[di kiri]
para a esquerda	ke kiri	[kɛ kiri]
direito (adj)	kanan	[kanan]
à direita	di kanan	[di kanan]
para a direita	ke kanan	[kɛ kanan]
em frente	di depan	[di dɛpan]
da frente	depan	[dɛpan]
adiante (para a frente)	ke depan	[kɛ dɛpan]
atrás de ...	di belakang	[di blakaŋ]
de trás	dari belakang	[dari blakaŋ]
para trás	mundur	[mundur]
meio (m), metade (f)	tengah	[tɛŋah]
no meio	di tengah	[di tɛŋah]
do lado	dari sisi	[dari sisi]
em todo lugar	di mana-mana	[di mana mana]
por todos os lados	di sekitar	[di sɛkitar]
de dentro	dari dalam	[dari dalam]
para algum lugar	entah ke mana	[ɛntah kɛ mana]
diretamente	terus	[trus]
de volta	balik	[balik]
de algum lugar	dari sesuatu tempat	[dari sɛsuatu tɛmpat]
de algum lugar	entah dari mana	[ɛntah dari mana]
em primeiro lugar	pertama	[pɛrtama]
em segundo lugar	kedua	[kɛdua]
em terceiro lugar	ketiga	[kɛtiga]
de repente	tiba-tiba	[tiba tiba]
no início	mula-mula	[mula mula]
pela primeira vez	pertama kali	[pɛrtama kali]
muito antes de ...	lama sebelum	[lama sɛbɛlum]
de novo	semula	[sɛmula]
para sempre	untuk selama-lamanya	[untuk sɛlama lamanja]
nunca	tidak sekali-kali	[tidak sɛkali kali]
de novo	lagi, semula	[lagi], [sɛmula]
agora	sekarang, kini	[sɛkaraŋ], [kini]
frequentemente	seringkali	[sɛriŋkali]

então	ketika itu	[kɛtika itu]
urgentemente	segera	[sɛgɛra]
normalmente	biasanya	[bijasanja]

a propósito, ...	oh ya	[o ja]
é possível	mungkin	[muŋkin]
provavelmente	mungkin	[muŋkin]
talvez	mungkin	[muŋkin]
além disso, ...	selain itu	[sɛlajn itu]
por isso ...	kerana itu	[krana itu]
apesar de ...	meskipun	[mɛskipun]
graças a ...	berkat	[bɛrkat]

que (pron.)	apa	[apa]
que (conj.)	bahawa	[bahva]
algo	sesuatu	[sɛsuatu]
alguma coisa	sesuatu	[sɛsuatu]
nada	tidak apa-apa	[tidak apa apa]

quem	siapa	[siapa]
alguém (~ que ...)	seseorang	[sɛsɛoraŋ]
alguém (com ~)	seseorang	[sɛsɛoraŋ]

ninguém	tak seorang pun	[tak sɛoraŋ pun]
para lugar nenhum	tak ke mana pun	[tak ke mana pun]
de ninguém	tak bertuan	[tak bɛrtuan]
de alguém	milik seseorang	[milik sɛsɛoraŋ]

tão	begitu	[bɛgitu]
também (gostaria ~ de ...)	juga	[dʒuga]
também (~ eu)	juga	[dʒuga]

15. Palavras funcionais. Advérbios. Parte 2

Por quê?	Mengapa?	[mɛŋapa]
por alguma razão	entah mengapa	[ɛntah meŋapa]
porque ...	oleh kerana	[oleh krana]
por qualquer razão	entah untuk apa	[ɛntah untuk apa]

e (tu ~ eu)	dan	[dan]
ou (ser ~ não ser)	atau	[atau]
mas (porém)	tetapi	[tɛtapi]
para (~ a minha mãe)	untuk	[untuk]

muito, demais	terlalu	[tɛrlalu]
só, somente	hanya	[hanja]
exatamente	tepat	[tɛpat]
cerca de (~ 10 kg)	sekitar	[sɛkitar]

aproximadamente	lebih kurang	[lɛbih kuraŋ]
aproximado (adj)	lebih kurang	[lɛbih kuraŋ]
quase	hampir	[hampir]
resto (m)	yang lain	[jaŋ lajn]
o outro (segundo)	kedua	[kɛdua]

outro (adj)	lain	[lajn]
cada (adj)	setiap	[sɛtiap]
qualquer (adj)	sebarang	[sɛbaraŋ]
muito, muitos, muitas	ramai, banyak	[ramaj], [banjak]
muitas pessoas	ramai orang	[ramaj oraŋ]
todos	semua	[sɛmua]
em troca de ...	sebagai pertukaran untuk	[sɛbagaj pɛrtukaran untuk]
em troca	sebagai tukaran	[sɛbagaj tukaran]
à mão	dengan tangan	[dɛŋan taŋan]
pouco provável	mustahil	[mustahil]
provavelmente	mungkin	[muŋkin]
de propósito	sengaja	[sɛŋadʒa]
por acidente	tidak sengaja	[tidak sɛŋadʒa]
muito	sangat	[saŋat]
por exemplo	misalnya	[misalnja]
entre	antara	[antara]
entre (no meio de)	di antara	[di antara]
tanto	seberapa ini	[sɛbrapa ini]
especialmente	terutama	[tɛrutama]

Conceitos básicos. Parte 2

16. Opostos

rico (adj)	kaya	[kaja]
pobre (adj)	miskin	[miskin]
doente (adj)	sakit	[sakit]
bem (adj)	sihat	[sihat]
grande (adj)	besar	[bɛsar]
pequeno (adj)	kecil	[kɛtʃil]
rapidamente	cepat	[tʃɛpat]
lentamente	perlahan-lahan	[pɛrlahan lahan]
rápido (adj)	cepat	[tʃɛpat]
lento (adj)	perlahan	[perlahan]
alegre (adj)	riang, gembira	[riaŋ], [gɛmbira]
triste (adj)	sedih	[sɛdih]
juntos (ir ~)	bersama	[bɛrsama]
separadamente	secara berasingan	[sɛtʃara bɛrasiŋan]
em voz alta (ler ~)	dengan suara kuat	[dɛŋan suara kuat]
para si (em silêncio)	senyap	[sɛnjap]
alto (adj)	tinggi	[tiŋgi]
baixo (adj)	rendah	[rɛndah]
profundo (adj)	dalam	[dalam]
raso (adj)	dangkal	[daŋkal]
sim	ya	[ja]
não	tidak, bukan	[tidak], [bukan]
distante (adj)	jauh	[dʒauh]
próximo (adj)	dekat	[dɛkat]
longe	jauh	[dʒauh]
à mão, perto	dekat	[dɛkat]
longo (adj)	panjang	[pandʒaŋ]
curto (adj)	pendek	[pendek]
bom (bondoso)	baik hati	[baik hati]
mal (adj)	jahat	[dʒahat]
casado (adj)	berkahwin, beristeri	[bɛrkahvin], [bɛristri]

solteiro (adj)	**bujang**	[budʒaŋ]
proibir (vt)	**melarang**	[mɛlaraŋ]
permitir (vt)	**mengizinkan**	[mɛŋiziŋkan]
fim (m)	**akhir**	[aχir]
início (m)	**permulaan**	[pɛrmulaan]
esquerdo (adj)	**kiri**	[kiri]
direito (adj)	**kanan**	[kanan]
primeiro (adj)	**pertama**	[pɛrtama]
último (adj)	**terakhir**	[tɛraχir]
crime (m)	**jenayah**	[dʒɛnajah]
castigo (m)	**hukuman**	[hukuman]
ordenar (vt)	**memerintah**	[mɛmɛrintah]
obedecer (vt)	**mematuhi**	[mɛmatuhi]
reto (adj)	**lurus**	[lurus]
curvo (adj)	**lengkung**	[lɛŋkuŋ]
paraíso (m)	**syurga**	[ɕurga]
inferno (m)	**neraka**	[nɛraka]
nascer (vi)	**dilahirkan**	[dilahirkan]
morrer (vi)	**mati, meninggal**	[mati], [mɛniŋgal]
forte (adj)	**kuat**	[kuat]
fraco, débil (adj)	**lemah**	[lɛmah]
velho, idoso (adj)	**tua**	[tua]
jovem (adj)	**muda**	[muda]
velho (adj)	**tua**	[tua]
novo (adj)	**baru**	[baru]
duro (adj)	**keras**	[kras]
macio (adj)	**empuk**	[ɛmpuk]
quente (adj)	**hangat**	[haŋat]
frio (adj)	**sejuk**	[sɛdʒuk]
gordo (adj)	**gemuk**	[gɛmuk]
magro (adj)	**kurus**	[kurus]
estreito (adj)	**sempit**	[sɛmpit]
largo (adj)	**lebar**	[lebar]
bom (adj)	**baik**	[baik]
mau (adj)	**buruk**	[buruk]
valente, corajoso (adj)	**berani**	[brani]
covarde (adj)	**penakut**	[pɛnakut]

17. Dias da semana

segunda-feira (f)	Hari Isnin	[hari isnin]
terça-feira (f)	Hari Selasa	[hari sɛlasa]
quarta-feira (f)	Hari Rabu	[hari rabu]
quinta-feira (f)	Hari Khamis	[hari kamis]
sexta-feira (f)	Hari Jumaat	[hari dʒumaat]
sábado (m)	Hari Sabtu	[hari sabtu]
domingo (m)	Hari Ahad	[hari ahad]
hoje	hari ini	[hari ini]
amanhã	besok	[besok]
depois de amanhã	besok lusa	[besok lusa]
ontem	semalam	[sɛmalam]
anteontem	kelmarin	[kɛlmarin]
dia (m)	hari	[hari]
dia (m) de trabalho	hari kerja	[hari kɛrdʒa]
feriado (m)	cuti umum	[tʃuti umum]
dia (m) de folga	hari kelepasan	[hari kɛlɛpasan]
fim (m) de semana	hujung minggu	[hudʒuŋ miŋgu]
o dia todo	seluruh hari	[sɛluruh hari]
no dia seguinte	pada hari berikutnya	[pada hari bɛrikutnja]
há dois dias	dua hari lepas	[dua hari lɛpas]
na véspera	menjelang	[mɛndʒɛlaŋ]
diário (adj)	harian	[harian]
todos os dias	setiap hari	[sɛtiap hari]
semana (f)	minggu	[miŋgu]
na semana passada	pada minggu lepas	[pada miŋgu lɛpas]
semana que vem	pada minggu berikutnya	[pada miŋgu bɛrikutnja]
semanal (adj)	mingguan	[miŋguan]
toda semana	setiap minggu	[sɛtiap miŋgu]
duas vezes por semana	dua kali seminggu	[dua kali sɛmiŋgu]
toda terça-feira	setiap Hari Selasa	[sɛtiap hari sɛlasa]

18. Horas. Dia e noite

manhã (f)	pagi	[pagi]
de manhã	pagi hari	[pagi hari]
meio-dia (m)	tengah hari	[tɛŋah hari]
à tarde	petang hari	[pɛtaŋ hari]
tardinha (f)	petang, malam	[pɛtaŋ], [malam]
à tardinha	pada waktu petang	[pada vaktu pɛtaŋ]
noite (f)	malam	[malam]
à noite	pada malam	[pada malam]
meia-noite (f)	tengah malam	[tɛŋah malam]
segundo (m)	saat	[saat]
minuto (m)	minit	[minit]
hora (f)	jam	[dʒam]

meia hora (f)	separuh jam	[sɛparuh dʒam]
quarto (m) de hora	suku jam	[suku dʒam]
quinze minutos	lima belas minit	[lima blas minit]
vinte e quatro horas	siang malam	[siaŋ malam]
nascer (m) do sol	matahari terbit	[matahari tɛrbit]
amanhecer (m)	subuh	[subuh]
madrugada (f)	awal pagi	[aval pagi]
pôr-do-sol (m)	matahari terbenam	[matahari tɛrbɛnam]
de madrugada	pagi-pagi	[pagi pagi]
esta manhã	pagi ini	[pagi ini]
amanhã de manhã	besok pagi	[bɛsok pagi]
esta tarde	petang ini	[pɛtaŋ ini]
à tarde	petang hari	[pɛtaŋ hari]
amanhã à tarde	besok petang	[besok pɛtaŋ]
esta noite, hoje à noite	petang ini	[pɛtaŋ ini]
amanhã à noite	besok malam	[besok malam]
às três horas em ponto	pukul 3 tepat	[pukul tiga tɛpat]
por volta das quatro	sekitar pukul 4	[sɛkitar pukul ɛmpat]
às doze	sampai pukul 12	[sampaj pukul dua blas]
em vinte minutos	selepas 20 minit	[sɛlɛpas dua puluh minit]
em uma hora	selepas satu jam	[sɛlɛpas satu dʒam]
a tempo	tepat pada masanya	[tɛpat pada masanja]
… um quarto para	kurang suku	[kuraŋ suku]
dentro de uma hora	selama sejam	[sɛlama sɛdʒam]
a cada quinze minutos	setiap 15 minit	[sɛtiap lima blas minit]
as vinte e quatro horas	siang malam	[siaŋ malam]

19. Meses. Estações

janeiro (m)	Januari	[dʒanuari]
fevereiro (m)	Februari	[februari]
março (m)	Mac	[matʃ]
abril (m)	April	[april]
maio (m)	Mei	[mej]
junho (m)	Jun	[dʒun]
julho (m)	Julai	[dʒulaj]
agosto (m)	Ogos	[ogɔs]
setembro (m)	September	[septembɛr]
outubro (m)	Oktober	[oktobɛr]
novembro (m)	November	[novembɛr]
dezembro (m)	Disember	[disembɛr]
primavera (f)	musim bunga	[musim buŋa]
na primavera	pada musim bunga	[pada musim buŋa]
primaveril (adj)	musim bunga	[musim buŋa]
verão (m)	musim panas	[musim panas]

no verão	pada musim panas	[pada musim panas]
de verão	musim panas	[musim panas]
outono (m)	musim gugur	[musim gugur]
no outono	pada musim gugur	[pada musim gugur]
outonal (adj)	musim gugur	[musim gugur]
inverno (m)	musim sejuk	[musim sɛdʒuk]
no inverno	pada musim sejuk	[pada musim sɛdʒuk]
de inverno	musim sejuk	[musim sɛdʒuk]
mês (m)	bulan	[bulan]
este mês	pada bulan ini	[pada bulan ini]
mês que vem	pada bulan berikutnya	[pada bulan bɛrikutnja]
no mês passado	pada bulan yang lepas	[pada bulan jaŋ lɛpas]
um mês atrás	sebulan lepas	[sɛbulan lɛpas]
em um mês	selepas satu bulan	[sɛlɛpas satu bulan]
em dois meses	selepas 2 bulan	[sɛlɛpas dua bulan]
todo o mês	seluruh bulan	[sɛluruh bulan]
um mês inteiro	seluruh bulan	[sɛluruh bulan]
mensal (adj)	bulanan	[bulanan]
mensalmente	setiap bulan	[sɛtiap bulan]
todo mês	setiap bulan	[sɛtiap bulan]
duas vezes por mês	dua kali sebulan	[dua kali sɛbulan]
ano (m)	tahun	[tahun]
este ano	pada tahun ini	[pada tahun ini]
ano que vem	pada tahun berikutnya	[pada tahun bɛrikutnja]
no ano passado	pada tahun yang lepas	[pada tahun jaŋ lɛpas]
há um ano	setahun lepas	[setahun lɛpas]
em um ano	selepas satu tahun	[sɛlɛpas satu tahun]
dentro de dois anos	selepas 2 tahun	[sɛlɛpas dua tahun]
todo o ano	seluruh tahun	[sɛluruh tahun]
um ano inteiro	seluruh tahun	[sɛluruh tahun]
cada ano	setiap tahun	[sɛtiap tahun]
anual (adj)	tahunan	[tahunan]
anualmente	setiap tahun	[sɛtiap tahun]
quatro vezes por ano	empat kali setahun	[ɛmpat kali sɛtahun]
data (~ de hoje)	tarikh	[tarih]
data (ex. ~ de nascimento)	tarikh	[tarih]
calendário (m)	takwim	[takvim]
meio ano	separuh tahun	[sɛparuh tahun]
seis meses	separuh tahun	[sɛparuh tahun]
estação (f)	musim	[musim]
século (m)	abad	[abad]

20. Tempo. Diversos

tempo (m)	masa	[masa]
momento (m)	saat	[saat]

instante (m)	saat	[saat]
instantâneo (adj)	serta-merta	[sɛrta mɛrta]
lapso (m) de tempo	jangka masa	[dʒaŋka masa]
vida (f)	kehidupan	[kɛhidupan]
eternidade (f)	keabadiaan	[kɛabadiaan]

época (f)	zaman	[zaman]
era (f)	era	[era]
ciclo (m)	kitaran	[kitaran]
período (m)	masa	[masa]
prazo (m)	jangka masa	[dʒaŋka masa]

futuro (m)	masa depan	[masa dɛpan]
futuro (adj)	yang akan datang	[jaŋ akan dataŋ]
da próxima vez	pada kali berikutnya	[pada kali bɛrikutnja]
passado (m)	masa silam	[masa silam]
passado (adj)	lepas	[lɛpas]
na última vez	pada kali yang lepas	[pada kali jaŋ lɛpas]
mais tarde	lebih kemudian	[lɛbih kɛmudian]
depois de ...	selepas	[sɛlɛpas]
atualmente	kini	[kini]
agora	sekarang	[sɛkaraŋ]
imediatamente	segera	[sɛgɛra]
em breve	segera	[sɛgɛra]
de antemão	sebelumnya	[sɛbɛlumnja]

há muito tempo	lama dahulu	[lama dahulu]
recentemente	baru-baru ini	[baru baru ini]
destino (m)	nasib	[nasib]
recordações (f pl)	kenang-kenangan	[kɛnaŋ kɛnaŋan]
arquivo (m)	arkib	[arkib]
durante ...	selama	[sɛlama]
durante muito tempo	lama	[lama]
pouco tempo	tidak lama	[tidak lama]
cedo (levantar-se ~)	pagi-pagi	[pagi pagi]
tarde (deitar-se ~)	lambat	[lambat]

para sempre	untuk selama-lamanya	[untuk sɛlama lamanja]
começar (vt)	memulakan	[mɛmulakan]
adiar (vt)	menunda	[mɛnunda]

ao mesmo tempo	serentak	[sɛrɛntak]
permanentemente	tetap	[tɛtap]
constante (~ ruído, etc.)	terus menerus	[tɛrus mɛnɛrus]
temporário (adj)	sementara	[sɛmɛntara]

às vezes	kadang-kadang	[kadaŋ kadaŋ]
raras vezes, raramente	jarang	[dʒaraŋ]
frequentemente	seringkali	[sɛriŋkali]

21. Linhas e formas

quadrado (m)	segi empat sama	[sɛgi ɛmpat sama]
quadrado (adj)	bersegi	[bɛrsɛgi]

círculo (m)	bulatan	[bulatan]
redondo (adj)	bulat	[bulat]
triângulo (m)	segi tiga	[sɛgi tiga]
triangular (adj)	segi tiga	[sɛgi tiga]

oval (f)	bujur	[budʒur]
oval (adj)	bujur	[budʒur]
retângulo (m)	segi empat tepat	[sɛgi ɛmpat tɛpat]
retangular (adj)	segi empat tepat	[sɛgi ɛmpat tɛpat]

pirâmide (f)	piramid	[piramid]
losango (m)	rombus	[rombus]
trapézio (m)	trapezium	[trapezium]
cubo (m)	kiub	[kiub]
prisma (m)	prisma	[prisma]

circunferência (f)	lilitan	[lilitan]
esfera (f)	sfera	[sfera]
globo (m)	bola	[bola]
diâmetro (m)	diameter	[diametɛr]
raio (m)	jejari	[dʒɛdʒari]
perímetro (m)	perimeter	[perimetɛr]
centro (m)	pusat	[pusat]

horizontal (adj)	mendatar	[mɛndatar]
vertical (adj)	tegak	[tɛgak]
paralela (f)	garis selari	[garis sɛlari]
paralelo (adj)	selari	[sɛlari]

linha (f)	garis	[garis]
traço (m)	garis	[garis]
reta (f)	garis lurus	[garis lurus]
curva (f)	garis lengkung	[garis lɛŋkuŋ]
fino (linha ~a)	nipis	[nipis]
contorno (m)	kontur	[kontur]

interseção (f)	persilangan	[pɛrsilaŋan]
ângulo (m) reto	sudut tepat	[sudut tɛpat]
segmento (m)	segmen	[segmɛn]
setor (m)	sektor	[sektor]
lado (de um triângulo, etc.)	segi	[sɛgi]
ângulo (m)	sudut, penjuru	[sudut], [pɛndʒuru]

22. Unidades de medida

peso (m)	berat	[brat]
comprimento (m)	panjang	[pandʒaŋ]
largura (f)	kelebaran	[kɛlebaran]
altura (f)	ketinggian	[kɛtiŋgian]
profundidade (f)	kedalaman	[kɛdalaman]
volume (m)	isi padu	[isi padu]
área (f)	luas	[luas]
grama (m)	gram	[gram]
miligrama (m)	miligram	[miligram]

quilograma (m)	kilogram	[kilogram]
tonelada (f)	tan	[tan]
libra (453,6 gramas)	paun	[paun]
onça (f)	auns	[auns]

metro (m)	meter	[mɛtɛr]
milímetro (m)	milimeter	[milimɛtɛr]
centímetro (m)	sentimeter	[sentimɛtɛr]
quilômetro (m)	kilometer	[kilomɛtɛr]
milha (f)	batu	[batu]

polegada (f)	inci	[inʧi]
pé (304,74 mm)	kaki	[kaki]
jarda (914,383 mm)	ela	[ela]

| metro (m) quadrado | meter persegi | [mɛtɛr pɛrsɛgi] |
| hectare (m) | hektar | [hektar] |

litro (m)	liter	[litɛr]
grau (m)	darjah	[dardʒah]
volt (m)	volt	[volt]
ampère (m)	ampere	[amperɛ]
cavalo (m) de potência	kuasa kuda	[kuasa kuda]

quantidade (f)	kuantiti	[kuantiti]
um pouco de ...	sedikit	[sɛdikit]
metade (f)	setengah	[sɛtɛŋah]
dúzia (f)	dozen	[dozen]
peça (f)	buah	[buah]

| tamanho (m), dimensão (f) | saiz, ukuran | [sajz], [ukuran] |
| escala (f) | skala | [skala] |

mínimo (adj)	minimum	[minimum]
menor, mais pequeno	terkecil	[tɛrkɛʧil]
médio (adj)	sederhana	[sɛdɛrhana]
máximo (adj)	maksimum	[maksimum]
maior, mais grande	terbesar	[tɛrbɛsar]

23. Recipientes

pote (m) de vidro	balang	[balaŋ]
lata (~ de cerveja)	tin	[tin]
balde (m)	baldi	[baldi]
barril (m)	tong	[toŋ]

bacia (~ de plástico)	besen	[besen]
tanque (m)	tangki	[taŋki]
cantil (m) de bolso	kelalang, flask	[kɛlalaŋ], [flask]
galão (m) de gasolina	tin	[tin]
cisterna (f)	tangki	[taŋki]

| caneca (f) | koleh | [koleh] |
| xícara (f) | cawan | [ʧavan] |

pires (m)	alas cawan	[alas ʧavan]
copo (m)	gelas	[glas]
taça (f) de vinho	gelas	[glas]
panela (f)	periuk	[priuk]

| garrafa (f) | botol | [botol] |
| gargalo (m) | leher | [leher] |

jarra (f)	serahi	[sɛrahi]
jarro (m)	kendi	[kɛndi]
recipiente (m)	bekas	[bɛkas]
pote (m)	belanga	[bɛlaŋa]
vaso (m)	vas	[vas]

frasco (~ de perfume)	botol	[botol]
frasquinho (m)	buli-buli	[buli buli]
tubo (m)	tiub	[tiub]

saco (ex. ~ de açúcar)	karung	[karuŋ]
sacola (~ plastica)	peket	[peket]
maço (de cigarros, etc.)	kotak	[kotak]

caixa (~ de sapatos, etc.)	kotak, peti	[kotak], [pɛti]
caixote (~ de madeira)	kotak	[kotak]
cesto (m)	bakul	[bakul]

24. Materiais

material (m)	bahan	[bahan]
madeira (f)	kayu	[kaju]
de madeira	kayu	[kaju]

| vidro (m) | kaca | [kaʧa] |
| de vidro | berkaca | [bɛrkaʧa] |

| pedra (f) | batu | [batu] |
| de pedra | batu | [batu] |

| plástico (m) | plastik | [plastik] |
| plástico (adj) | plastik | [plastik] |

| borracha (f) | getah | [gɛtah] |
| de borracha | getah | [gɛtah] |

| tecido, pano (m) | kain | [kain] |
| de tecido | daripada kain | [daripada kain] |

| papel (m) | kertas | [kɛrtas] |
| de papel | kertas | [kɛrtas] |

papelão (m)	kadbod	[kadbod]
de papelão	kadbod	[kadbod]
polietileno (m)	politena	[politena]
celofane (m)	selofan	[selofan]

| linóleo (m) | linoleum | [linoleum] |
| madeira (f) compensada | papan lapis | [papan lapis] |

porcelana (f)	porselin	[porsɛlin]
de porcelana	porselin	[porsɛlin]
argila (f), barro (m)	tanah liat	[tanah liat]
de barro	tembikar	[tɛmbikar]
cerâmica (f)	seramik	[seramik]
de cerâmica	seramik	[seramik]

25. Metais

metal (m)	logam	[logam]
metálico (adj)	logam	[logam]
liga (f)	logam campuran	[logam ʧampuran]

ouro (m)	emas	[ɛmas]
de ouro	emas	[ɛmas]
prata (f)	perak	[perak]
de prata	perak	[perak]

ferro (m)	besi	[bɛsi]
de ferro	besi	[bɛsi]
aço (m)	keluli	[kɛluli]
de aço (adj)	keluli	[kɛluli]
cobre (m)	tembaga	[tɛmbaga]
de cobre	tembaga	[tɛmbaga]

alumínio (m)	aluminium	[aluminium]
de alumínio	aluminium	[aluminium]
bronze (m)	gangsa	[gaŋsa]
de bronze	gangsa	[gaŋsa]

latão (m)	loyang	[lojaŋ]
níquel (m)	nikel	[nikɛl]
platina (f)	platinum	[platinum]
mercúrio (m)	air raksa	[air raksa]
estanho (m)	timah	[timah]
chumbo (m)	timah hitam	[timah hitam]
zinco (m)	zink	[ziŋk]

O SER HUMANO

O ser humano. O corpo

26. Humanos. Conceitos básicos

ser (m) humano	orang, manusia	[oraŋ], [manusia]
homem (m)	lelaki	[lɛlaki]
mulher (f)	perempuan	[pɛrɛmpuan]
criança (f)	anak	[anak]
menina (f)	gadis kecil	[gadis kɛtʃil]
menino (m)	budak lelaki	[budak lɛlaki]
adolescente (m)	remaja	[rɛmadʒa]
velho (m)	lelaki tua	[lɛlaki tua]
velha (f)	perempuan tua	[pɛrɛmpuan tua]

27. Anatomia humana

organismo (m)	organisma	[organisma]
coração (m)	jantung	[dʒantuŋ]
sangue (m)	darah	[darah]
artéria (f)	arteri	[artɛri]
veia (f)	vena	[vena]
cérebro (m)	otak	[otak]
nervo (m)	saraf	[saraf]
nervos (m pl)	urat saraf	[urat saraf]
vértebra (f)	ruas tulang belakang	[ruas tulaŋ blakaŋ]
coluna (f) vertebral	tulang belakang	[tulaŋ blakaŋ]
estômago (m)	gaster	[gastɛr]
intestinos (m pl)	intestin	[intestin]
intestino (m)	usus	[usus]
fígado (m)	hati	[hati]
rim (m)	buah pinggang	[buah piŋgaŋ]
osso (m)	tulang	[tulaŋ]
esqueleto (m)	kerangka tulang	[kraŋka tulaŋ]
costela (f)	tulang rusuk	[tulaŋ rusuk]
crânio (m)	tengkorak	[tɛŋkorak]
músculo (m)	otot	[otot]
bíceps (m)	otot biseps	[otot biseps]
tríceps (m)	triseps	[triseps]
tendão (m)	tendon	[tɛndon]
articulação (f)	sendi	[sɛndi]

pulmões (m pl)	paru-paru	[paru paru]
órgãos (m pl) genitais	kemaluan	[kɛmaluan]
pele (f)	kulit	[kulit]

28. Cabeça

cabeça (f)	kepala	[kɛpala]
rosto, cara (f)	muka	[muka]
nariz (m)	hidung	[hiduŋ]
boca (f)	mulut	[mulut]

olho (m)	mata	[mata]
olhos (m pl)	mata	[mata]
pupila (f)	anak mata	[anak mata]
sobrancelha (f)	kening	[kɛniŋ]
cílio (f)	bulu mata	[bulu mata]
pálpebra (f)	kekopak mata	[kɛkopak mata]

língua (f)	lidah	[lidah]
dente (m)	gigi	[gigi]
lábios (m pl)	bibir	[bibir]
maçãs (f pl) do rosto	tulang pipi	[tulaŋ pipi]
gengiva (f)	gusi	[gusi]
palato (m)	lelangit	[lɛlaŋit]

narinas (f pl)	lubang hidung	[lubaŋ hiduŋ]
queixo (m)	dagu	[dagu]
mandíbula (f)	rahang	[rahaŋ]
bochecha (f)	pipi	[pipi]

testa (f)	dahi	[dahi]
têmpora (f)	pelipis	[pɛlipis]
orelha (f)	telinga	[tɛliŋa]
costas (f pl) da cabeça	tengkuk	[tɛŋkuk]
pescoço (m)	leher	[leher]
garganta (f)	kerongkong	[kɛroŋkoŋ]

cabelo (m)	rambut	[rambut]
penteado (m)	potongan rambut	[potoŋan rambut]
corte (m) de cabelo	potongan rambut	[potoŋan rambut]
peruca (f)	rambut palsu, wig	[rambut palsu], [vig]

bigode (m)	misai	[misaj]
barba (f)	janggut	[dʒaŋgut]
ter (~ barba, etc.)	memelihara	[mɛmɛlihara]
trança (f)	tocang	[totʃaŋ]
suíças (f pl)	jambang	[dʒambaŋ]

ruivo (adj)	berambut merah perang	[bɛrambut mɛrah peraŋ]
grisalho (adj)	beruban	[bɛruban]
careca (adj)	botak	[botak]
calva (f)	botak	[botak]
rabo-de-cavalo (m)	ikat ekor kuda	[ikat ekor kuda]
franja (f)	jambul	[dʒambul]

29. Corpo humano

mão (f)	**tangan**	[taŋan]
braço (m)	**lengan**	[lɛŋan]
dedo (m)	**jari**	[dʒari]
dedo (m) do pé	**jari**	[dʒari]
polegar (m)	**ibu jari**	[ibu dʒari]
dedo (m) mindinho	**jari kelengkeng**	[dʒari kɛleŋkŋ]
unha (f)	**kuku**	[kuku]
punho (m)	**penumbuk**	[pɛnumbuk]
palma (f)	**telapak**	[tɛlapak]
pulso (m)	**pergelangan**	[pɛrgɛlaŋan]
antebraço (m)	**lengan bawah**	[lɛŋan bavah]
cotovelo (m)	**siku**	[siku]
ombro (m)	**bahu**	[bahu]
perna (f)	**kaki**	[kaki]
pé (m)	**telapak kaki**	[telapak kaki]
joelho (m)	**lutut**	[lutut]
panturrilha (f)	**betis**	[bɛtis]
quadril (m)	**paha**	[paha]
calcanhar (m)	**tumit**	[tumit]
corpo (m)	**badan**	[badan]
barriga (f), ventre (m)	**perut**	[prut]
peito (m)	**dada**	[dada]
seio (m)	**tetek**	[tetek]
lado (m)	**rusuk**	[rusuk]
costas (dorso)	**belakang**	[blakaŋ]
região (f) lombar	**pinggul**	[piŋgul]
cintura (f)	**pinggang**	[piŋgaŋ]
umbigo (m)	**pusat**	[pusat]
nádegas (f pl)	**punggung**	[puŋguŋ]
traseiro (m)	**punggung**	[puŋguŋ]
sinal (m), pinta (f)	**tahi lalat manis**	[tahi lalat manis]
sinal (m) de nascença	**tanda kelahiran**	[tanda kɛlahiran]
tatuagem (f)	**tatu**	[tatu]
cicatriz (f)	**bekas luka**	[bɛkas luka]

Vestuário & Acessórios

30. Roupa exterior. Casacos

roupa (f)	pakaian	[pakajan]
roupa (f) exterior	pakaian luar	[pakajan luar]
roupa (f) de inverno	pakaian musim sejuk	[pakajan musim sɛdʒuk]
sobretudo (m)	kot luaran	[kot luaran]
casaco (m) de pele	kot bulu	[kot bulu]
jaqueta (f) de pele	jaket berbulu	[dʒaket berbulu]
casaco (m) acolchoado	kot bulu pelepah	[kot bulu pɛlɛpah]
casaco (m), jaqueta (f)	jaket	[dʒaket]
impermeável (m)	baju hujan	[badʒu hudʒan]
a prova d'água	kalis air	[kalis air]

31. Vestuário de homem & mulher

camisa (f)	baju	[badʒu]
calça (f)	seluar	[sɛluar]
jeans (m)	seluar jean	[sɛluar dʒin]
paletó, terno (m)	jaket	[dʒaket]
terno (m)	suit	[suit]
vestido (ex. ~ de noiva)	gaun	[gaun]
saia (f)	skirt	[skirt]
blusa (f)	blaus	[blaus]
casaco (m) de malha	jaket kait	[dʒaket kait]
casaco, blazer (m)	jaket	[dʒaket]
camiseta (f)	baju kaus	[badʒu kaus]
short (m)	seluar pendek	[sɛluar pendek]
training (m)	pakaian sukan	[pakajan sukan]
roupão (m) de banho	jubah mandi	[dʒubah mandi]
pijama (m)	pijama	[pidʒama]
suéter (m)	sweater	[svetɛr]
pulôver (m)	pullover	[pullovɛr]
colete (m)	rompi	[rompi]
fraque (m)	kot bajang	[kot badʒaŋ]
smoking (m)	toksedo	[toksedo]
uniforme (m)	pakaian seragam	[pakajan sɛragam]
roupa (f) de trabalho	pakaian kerja	[pakajan kɛrdʒa]
macacão (m)	baju monyet	[badʒu monjet]
jaleco (m), bata (f)	baju	[badʒu]

32. Vestuário. Roupa interior

roupa (f) íntima	pakaian dalam	[pakajan dalam]
cueca boxer (f)	seluar dalam lelaki	[sɛluar dalam lɛlaki]
calcinha (f)	seluar dalam perempuan	[sɛluar dalam pɛrɛmpuan]
camiseta (f)	singlet	[siŋlet]
meias (f pl)	sok	[sok]

camisola (f)	baju tidur	[badʒu tidur]
sutiã (m)	kutang	[kutaŋ]
meias longas (f pl)	stoking sampai lutut	[stokiŋ sampaj lutut]
meias-calças (f pl)	sarung kaki	[saruŋ kaki]
meias (~ de nylon)	stoking	[stokiŋ]
maiô (m)	pakaian renang	[pakajan rɛnaŋ]

33. Adereços de cabeça

chapéu (m), touca (f)	topi	[topi]
chapéu (m) de feltro	topi bulat	[topi bulat]
boné (m) de beisebol	topi besbol	[topi besbol]
boina (~ italiana)	kep	[kep]

boina (ex. ~ basca)	beret	[beret]
capuz (m)	hud	[hud]
chapéu panamá (m)	topi panama	[topi panama]
touca (f)	topi kait	[topi kait]

lenço (m)	tudung	[tuduŋ]
chapéu (m) feminino	topi perempuan	[topi pɛrɛmpuan]

capacete (m) de proteção	topi besi	[topi bɛsi]
bibico (m)	topi lipat	[topi lipat]
capacete (m)	helmet	[helmet]

chapéu-coco (m)	topi bulat	[topi bulat]
cartola (f)	topi pesulap	[topi pɛsulap]

34. Calçado

calçado (m)	kasut	[kasut]
botinas (f pl), sapatos (m pl)	but	[but]
sapatos (de salto alto, etc.)	kasut wanita	[kasut vanita]
botas (f pl)	kasut lars	[kasut lars]
pantufas (f pl)	selipar	[slipar]

tênis (~ Nike, etc.)	kasut tenis	[kasut tenis]
tênis (~ Converse)	kasut kets	[kasut kets]
sandálias (f pl)	sandal	[sandal]

sapateiro (m)	tukang kasut	[tukaŋ kasut]
salto (m)	tumit	[tumit]

par (m)	sepasang	[sɛpasaŋ]
cadarço (m)	tali kasut	[tali kasut]
amarrar os cadarços	mengikat tali	[meŋikat tali]
calçadeira (f)	sudu kasut	[sudu kasut]
graxa (f) para calçado	belaking	[bɛlakiŋ]

35. Têxtil. Tecidos

algodão (m)	kapas	[kapas]
de algodão	daripada kapas	[daripada kapas]
linho (m)	linen	[linen]
de linho	daripada linen	[daripada linen]

seda (f)	sutera	[sutra]
de seda	sutera	[sutra]
lã (f)	kain bulu biri	[kain bulu biri]
de lã	bulu biri	[bulu biri]

veludo (m)	baldu	[baldu]
camurça (f)	belulang suede	[bɛlulaŋ suedɛ]
veludo (m) cotelê	kain korduroi	[kain korduroj]

nylon (m)	nilon	[nilon]
de nylon	daripada nilon	[daripada nilon]
poliéster (m)	poliester	[poliestɛr]
de poliéster	poliester	[poliestɛr]

couro (m)	kulit	[kulit]
de couro	daripada kulit	[daripada kulit]
pele (f)	bulu	[bulu]
de pele	berbulu	[bɛrbulu]

36. Acessórios pessoais

luva (f)	sarung tangan	[saruŋ taŋan]
mitenes (f pl)	miten	[mitɛn]
cachecol (m)	selendang	[sɛlendaŋ]

óculos (m pl)	kaca mata	[katʃa mata]
armação (f)	bingkai, rim	[biŋkaj], [rim]
guarda-chuva (m)	payung	[pajuŋ]
bengala (f)	tongkat	[toŋkat]
escova (f) para o cabelo	berus rambut	[brus rambut]
leque (m)	kipas	[kipas]

gravata (f)	tai	[taj]
gravata-borboleta (f)	tali leher kupu-kupu	[tali leher kupu kupu]
suspensórios (m pl)	tali bawat	[tali bavat]
lenço (m)	sapu tangan	[sapu taŋan]

| pente (m) | sikat | [sikat] |
| fivela (f) para cabelo | cucuk rambut | [tʃutʃuk rambut] |

| grampo (m) | pin rambut | [pin rambut] |
| fivela (f) | gancu | [gantʃu] |

| cinto (m) | ikat pinggang | [ikat piŋgaŋ] |
| alça (f) de ombro | tali beg | [tali beg] |

bolsa (f)	beg	[beg]
bolsa (feminina)	beg tangan	[beg taŋan]
mochila (f)	beg galas	[beg galas]

37. Vestuário. Diversos

moda (f)	fesyen	[feʃɛn]
na moda (adj)	berfesyen	[bɛrfeʃɛn]
estilista (m)	pereka fesyen	[pɛreka feʃɛn]

colarinho (m)	kerah	[krah]
bolso (m)	saku	[saku]
de bolso	saku	[saku]
manga (f)	lengan	[lɛŋan]
ganchinho (m)	gelung sangkut	[gɛluŋ saŋkut]
bragueta (f)	golbi	[golbi]

zíper (m)	zip	[zip]
colchete (m)	kancing	[kantʃiŋ]
botão (m)	butang	[butaŋ]
botoeira (casa de botão)	lubang butang	[lubaŋ butaŋ]
soltar-se (vr)	terlepas	[tɛrlɛpas]

costurar (vi)	menjahit	[mɛndʒahit]
bordar (vt)	menyulam	[mɛnjulam]
bordado (m)	sulaman	[sulaman]
agulha (f)	jarum	[dʒarum]
fio, linha (f)	benang	[bɛnaŋ]
costura (f)	jahitan	[dʒahitan]

sujar-se (vr)	menjadi kotor	[mɛndʒadi kotor]
mancha (f)	tompok	[tompok]
amarrotar-se (vr)	renyuk	[rɛnjuk]
rasgar (vt)	merobek	[mɛrobek]
traça (f)	gegat	[gɛgat]

38. Cuidados pessoais. Cosméticos

pasta (f) de dente	ubat gigi	[ubat gigi]
escova (f) de dente	berus gigi	[bɛrus gigi]
escovar os dentes	memberus gigi	[mɛmbɛrus gigi]

gilete (f)	pisau cukur	[pisau tʃukur]
creme (m) de barbear	krim cukur	[krim tʃukur]
barbear-se (vr)	bercukur	[bɛrtʃukur]
sabonete (m)	sabun	[sabun]

xampu (m)	syampu	[ʃampu]
tesoura (f)	gunting	[guntiŋ]
lixa (f) de unhas	kikir kuku	[kikir kuku]
corta-unhas (m)	pemotong kuku	[pɛmotoŋ kuku]
pinça (f)	penyepit kecil	[pɛnjepit kɛtʃil]

cosméticos (m pl)	alat solek	[alat solek]
máscara (f)	masker	[maskɛr]
manicure (f)	manicure	[mɛnikjur]
fazer as unhas	melakukan perawatan kuku tangan	[mɛlakukan pɛravatan kuku taŋan]
pedicure (f)	pedicure	[pɛdikjur]

bolsa (f) de maquiagem	beg mekap	[beg mekap]
pó (de arroz)	bedak	[bɛdak]
pó (m) compacto	kotak bedak	[kotak bɛdak]
blush (m)	pemerah pipi	[pɛmerah pipi]

perfume (m)	minyak wangi	[minjak vaŋi]
água-de-colônia (f)	air wangi	[air vaŋi]
loção (f)	losen	[losen]
colônia (f)	air kolong	[air koloŋ]

sombra (f) de olhos	pembayang mata	[pɛmbajaŋ mata]
delineador (m)	pensel kening	[pensel kɛniŋ]
máscara (f), rímel (m)	maskara	[maskara]

batom (m)	gincu bibir	[gintʃu bibir]
esmalte (m)	pengilat kuku	[peŋilat kuku]
laquê (m), spray fixador (m)	penyembur rambut	[pɛnjembur rambut]
desodorante (m)	deodoran	[deodoran]

creme (m)	krim	[krim]
creme (m) de rosto	krim muka	[krim muka]
creme (m) de mãos	krim tangan	[krim taŋan]
creme (m) antirrugas	krim antikerut	[krim antikɛrut]
creme (m) de dia	krim siang	[krim siaŋ]
creme (m) de noite	krim malam	[krim malam]
de dia	siang	[siaŋ]
da noite	malam	[malam]

absorvente (m) interno	tampon	[tampon]
papel (m) higiênico	kertas tandas	[kɛrtas tandas]
secador (m) de cabelo	pengering rambut	[peŋɛriŋ rambut]

39. Joalheria

joias (f pl)	barang-barang kemas	[baraŋ baraŋ kɛmas]
precioso (adj)	permata	[pɛrmata]
marca (f) de contraste	cap kempa	[tʃap kɛmpa]

anel (m)	cincin	[tʃintʃin]
aliança (f)	cincin pertunangan	[tʃintʃin pɛrtunaŋan]
pulseira (f)	gelang tangan	[gɛlaŋ taŋan]

brincos (m pl)	subang	[subaŋ]
colar (m)	kalung	[kaluŋ]
coroa (f)	mahkota	[mahkota]
colar (m) de contas	rantai manik	[rantaj manik]

diamante (m)	berlian	[b'rlian]
esmeralda (f)	zamrud	[zamrud]
rubi (m)	batu delima	[batu d'lima]
safira (f)	batu nilam	[batu nilam]
pérola (f)	mutiara	[mutiara]
âmbar (m)	batu ambar	[batu ambar]

40. Relógios de pulso. Relógios

relógio (m) de pulso	jam tangan	[dʒam taŋan]
mostrador (m)	permukaan jam	[permukaan dʒam]
ponteiro (m)	jarum	[dʒarum]
bracelete (em aço)	gelang jam tangan	[gɛlaŋ dʒam taŋan]
bracelete (em couro)	tali jam	[tali dʒam]

pilha (f)	bateri	[batɛri]
acabar (vi)	luput	[luput]
trocar a pilha	menukar bateri	[menukar batɛri]
estar adiantado	kecepatan	[kɛtʃɛpatan]
estar atrasado	ketinggalan	[kɛtiŋgalan]

relógio (m) de parede	jam dinding	[dʒam dindiŋ]
ampulheta (f)	jam pasir	[dʒam pasir]
relógio (m) de sol	jam matahari	[dʒam matahari]
despertador (m)	jam loceng	[dʒam lotʃeŋ]
relojoeiro (m)	tukang jam	[tukaŋ dʒam]
reparar (vt)	membaiki	[mɛmbaiki]

Alimentação. Nutrição

41. Comida

carne (f)	daging	[daɡiŋ]
galinha (f)	ayam	[ajam]
frango (m)	anak ayam	[anak ajam]
pato (m)	itik	[itik]
ganso (m)	angsa	[aŋsa]
caça (f)	burung buruan	[buruŋ buruan]
peru (m)	ayam belanda	[ajam blanda]

carne (f) de porco	daging babi	[daɡiŋ babi]
carne (f) de vitela	daging anak lembu	[daɡiŋ anak lembu]
carne (f) de carneiro	daging bebiri	[daɡiŋ bɛbiri]
carne (f) de vaca	daging lembu	[daɡiŋ lɛmbu]
carne (f) de coelho	arnab	[arnab]

linguiça (f), salsichão (m)	sosej worst	[sosedʒ vorst]
salsicha (f)	sosej	[sosedʒ]
bacon (m)	dendeng babi	[deŋdeŋ babi]
presunto (m)	ham	[ham]
pernil (m) de porco	gamon	[gamon]

patê (m)	pate	[patɛ]
fígado (m)	hati	[hati]
guisado (m)	bahan kisar	[bahan kisar]
língua (f)	lidah	[lidah]

ovo (m)	telur	[tɛlur]
ovos (m pl)	telur-telur	[tɛlur tɛlur]
clara (f) de ovo	putih telur	[putih tɛlur]
gema (f) de ovo	kuning telur	[kuniŋ tɛlur]

peixe (m)	ikan	[ikan]
mariscos (m pl)	makanan laut	[makanan laut]
crustáceos (m pl)	krustasia	[krustasia]
caviar (m)	caviar	[kaviar]

caranguejo (m)	ketam	[kɛtam]
camarão (m)	udang	[udaŋ]
ostra (f)	tiram	[tiram]
lagosta (f)	udang krai	[udaŋ kraj]
polvo (m)	sotong	[sotoŋ]
lula (f)	cumi-cumi	[ʧumi ʧumi]

esturjão (m)	ikan sturgeon	[ikan sturgeon]
salmão (m)	salmon	[salmon]
halibute (m)	ikan halibut	[ikan halibut]
bacalhau (m)	ikan kod	[ikan kod]

cavala, sarda (f)	ikan tenggiri	[ikan tɛŋgiri]
atum (m)	tuna	[tuna]
enguia (f)	ikan keli	[ikan kli]
truta (f)	ikan trout	[ikan trout]
sardinha (f)	sadin	[sadin]
lúcio (m)	ikan paik	[ikan pajk]
arenque (m)	ikan hering	[ikan hɛriŋ]
pão (m)	roti	[roti]
queijo (m)	keju	[kɛdʒu]
açúcar (m)	gula	[gula]
sal (m)	garam	[garam]
arroz (m)	beras, nasi	[bras], [nasi]
massas (f pl)	pasta	[pasta]
talharim, miojo (m)	mie	[mi]
manteiga (f)	mentega	[mɛntega]
óleo (m) vegetal	minyak sayur	[minjak sajur]
óleo (m) de girassol	minyak bunga matahari	[minjak buŋa matahari]
margarina (f)	marjerin	[mardʒɛrin]
azeitonas (f pl)	buah zaitun	[buah zajtun]
azeite (m)	minyak zaitun	[minjak zaɪtun]
leite (m)	susu	[susu]
leite (m) condensado	susu pekat	[susu pɛkat]
iogurte (m)	yogurt	[jogurt]
creme (m) azedo	krim asam	[krim asam]
creme (m) de leite	krim	[krim]
maionese (f)	mayonis	[majonis]
creme (m)	krim	[krim]
grãos (m pl) de cereais	bijirin berkupas	[bidʒirin bɛrkupas]
farinha (f)	tepung	[tɛpuŋ]
enlatados (m pl)	makanan dalam tin	[makanan dalam tin]
flocos (m pl) de milho	emping jagung	[ɛmpiŋ dʒaguŋ]
mel (m)	madu	[madu]
geleia (m)	jem	[dʒɛm]
chiclete (m)	gula-gula getah	[gula gula gɛtah]

42. Bebidas

água (f)	air	[air]
água (f) potável	air minum	[air minum]
água (f) mineral	air galian	[air galian]
sem gás (adj)	tanpa gas	[tanpa gas]
gaseificada (adj)	bergas	[bɛrgas]
com gás	bergas	[bɛrgas]
gelo (m)	ais	[ajs]

com gelo	dengan ais	[dɛŋan ajs]
não alcoólico (adj)	tanpa alkohol	[tanpa alkohol]
refrigerante (m)	minuman ringan	[minuman riŋan]
refresco (m)	minuman segar	[minuman sɛgar]
limonada (f)	limonad	[limonad]

bebidas (f pl) alcoólicas	arak	[arak]
vinho (m)	wain	[vajn]
vinho (m) branco	wain putih	[vajn putih]
vinho (m) tinto	wain merah	[vajn merah]

licor (m)	likur	[likur]
champanhe (m)	champagne	[ʃampejn]
vermute (m)	vermouth	[vermut]

uísque (m)	wiski	[viski]
vodca (f)	vodka	[vodka]
gim (m)	gin	[dʒin]
conhaque (m)	cognac	[konjak]
rum (m)	rum	[ram]

café (m)	kopi	[kopi]
café (m) preto	kopi O	[kopi o]
café (m) com leite	kopi susu	[kopi susu]
cappuccino (m)	cappuccino	[kaputʃino]
café (m) solúvel	kopi segera	[kopi sɛgɛra]

leite (m)	susu	[susu]
coquetel (m)	koktel	[koktel]
batida (f), milkshake (m)	susu kocak	[susu kotʃak]

suco (m)	jus	[dʒus]
suco (m) de tomate	jus tomato	[dʒus tomato]
suco (m) de laranja	jus jeruk manis	[dʒus dʒɛruk manis]
suco (m) fresco	jus segar	[dʒus sɛgar]

cerveja (f)	bir	[bir]
cerveja (f) clara	bir putih	[bir putih]
cerveja (f) preta	bir hitam	[bir hitam]

chá (m)	teh	[te]
chá (m) preto	teh hitam	[te hitam]
chá (m) verde	teh hijau	[te hidʒau]

43. Vegetais

vegetais (m pl)	sayuran	[sajuran]
verdura (f)	ulam-ulaman	[ulam ulaman]

tomate (m)	tomato	[tomato]
pepino (m)	timun	[timun]
cenoura (f)	lobak merah	[lobak merah]
batata (f)	kentang	[kɛntaŋ]
cebola (f)	bawang	[bavaŋ]

alho (m)	bawang putih	[bavaŋ putih]
couve (f)	kubis	[kubis]
couve-flor (f)	bunga kubis	[buŋa kubis]
couve-de-bruxelas (f)	kubis Brussels	[kubis brasels]
brócolis (m pl)	broccoli	[brokoli]

beterraba (f)	rut bit	[rut bit]
berinjela (f)	terung	[tɛruŋ]
abobrinha (f)	labu kuning	[labu kuniŋ]
abóbora (f)	labu	[labu]
nabo (m)	turnip	[turnip]

salsa (f)	parsli	[parsli]
endro, aneto (m)	jintan hitam	[dʒintan hitam]
alface (f)	pokok salad	[pokok salad]
aipo (m)	saderi	[sadɛri]
aspargo (m)	asparagus	[asparagus]
espinafre (m)	bayam	[bajam]

ervilha (f)	kacang sepat	[katʃaŋ sɛpat]
feijão (~ soja, etc.)	kacang	[katʃaŋ]
milho (m)	jagung	[dʒaguŋ]
feijão (m) roxo	kacang buncis	[katʃaŋ buntʃis]

pimentão (m)	lada	[lada]
rabanete (m)	lobak	[lobak]
alcachofra (f)	articok	[artitʃok]

44. Frutos. Nozes

fruta (f)	buah	[buah]
maçã (f)	epal	[epal]
pera (f)	buah pear	[buah pear]
limão (m)	lemon	[lemon]
laranja (f)	jeruk manis	[dʒeruk manis]
morango (m)	strawberi	[stroberi]

tangerina (f)	limau mandarin	[limau mandarin]
ameixa (f)	plum	[plam]
pêssego (m)	pic	[pitʃ]
damasco (m)	aprikot	[aprikot]
framboesa (f)	raspberi	[rasberi]
abacaxi (m)	nanas	[nanas]

banana (f)	pisang	[pisaŋ]
melancia (f)	tembikai	[tembikaj]
uva (f)	anggur	[aŋgur]
ginja (f)	buah ceri	[buah tʃeri]
cereja (f)	ceri manis	[tʃeri manis]
melão (m)	tembikai susu	[tembikaj susu]

toranja (f)	limau gedang	[limau gɛdaŋ]
abacate (m)	avokado	[avokado]
mamão (m)	betik	[bɛtik]

| manga (f) | mempelam | [mɛmpɛlam] |
| romã (f) | buah delima | [buah dɛlima] |

groselha (f) vermelha	buah kismis merah	[buah kismis merah]
groselha (f) negra	buah kismis hitam	[buah kismis hitam]
groselha (f) espinhosa	buah gusberi	[buah gusberi]
mirtilo (m)	buah bilberi	[buah bilberi]
amora (f) silvestre	beri hitam	[beri hitam]

passa (f)	kismis	[kismis]
figo (m)	buah tin	[buah tin]
tâmara (f)	buah kurma	[buah kurma]

amendoim (m)	kacang tanah	[katʃaŋ tanah]
amêndoa (f)	badam	[badam]
noz (f)	walnut	[volnat]
avelã (f)	kacang hazel	[katʃaŋ hazel]
coco (m)	buah kelapa	[buah klapa]
pistaches (m pl)	pistasio	[pistasio]

45. Pão. Bolaria

pastelaria (f)	kuih-muih	[kuih muih]
pão (m)	roti	[roti]
biscoito (m), bolacha (f)	biskit	[biskit]

chocolate (m)	coklat	[tʃoklat]
de chocolate	coklat	[tʃoklat]
bala (f)	gula-gula	[gula gula]
doce (bolo pequeno)	kuih	[kuih]
bolo (m) de aniversário	kek	[kek]

| torta (f) | pai | [paj] |
| recheio (m) | inti | [inti] |

geleia (m)	jem buah-buahan utuh	[dʒem buah buahan utuh]
marmelada (f)	marmalad	[marmalad]
wafers (m pl)	wafer	[vafɛr]
sorvete (m)	ais krim	[ajs krim]
pudim (m)	puding	[pudiŋ]

46. Pratos cozinhados

prato (m)	hidangan	[hidaŋan]
cozinha (~ portuguesa)	masakan	[masakan]
receita (f)	resipi	[rɛsipi]
porção (f)	hidangan	[hidaŋan]

salada (f)	salad	[salad]
sopa (f)	sup	[sup]
caldo (m)	sup kosong	[sup kosoŋ]
sanduíche (m)	sandwic	[sandvitʃ]

ovos (m pl) fritos	telur mata kerbau	[tɛlur mata kerbau]
hambúrguer (m)	hamburger	[hamburger]
bife (m)	stik	[stik]

acompanhamento (m)	garnish	[garniʃ]
espaguete (m)	spaghetti	[spaɣeti]
purê (m) de batata	kentang lecek	[kɛntaŋ letʃek]
pizza (f)	piza	[piza]
mingau (m)	bubur	[bubur]
omelete (f)	telur dadar	[tɛlur dadar]

fervido (adj)	rebus	[rɛbus]
defumado (adj)	salai	[salaj]
frito (adj)	goreng	[goreŋ]
seco (adj)	dikeringkan	[dikɛriŋkan]
congelado (adj)	sejuk beku	[sɛdʒuk bɛku]
em conserva (adj)	dijeruk	[didʒɛruk]

doce (adj)	manis	[manis]
salgado (adj)	masin	[masin]
frio (adj)	sejuk	[sɛdʒuk]
quente (adj)	panas	[panas]
amargo (adj)	pahit	[pahit]
gostoso (adj)	sedap	[sɛdap]

cozinhar em água fervente	merebus	[mɛrɛbus]
preparar (vt)	memasak	[mɛmasak]
fritar (vt)	menggoreng	[mɛŋgoreŋ]
aquecer (vt)	memanaskan	[mɛmanaskan]

salgar (vt)	membubuh garam	[mɛmbubuh garam]
apimentar (vt)	membubuh lada	[mɛmbubuh lada]
ralar (vt)	memarut	[mɛmarut]
casca (f)	kulit	[kulit]
descascar (vt)	mengupas	[mɛŋupas]

47. Especiarias

sal (m)	garam	[garam]
salgado (adj)	masin	[masin]
salgar (vt)	membubuh garam	[mɛmbubuh garam]

pimenta-do-reino (f)	lada hitam	[lada hitam]
pimenta (f) vermelha	lada merah	[lada merah]
mostarda (f)	sawi	[savi]
raiz-forte (f)	remunggai	[rɛmuŋgaj]

condimento (m)	perasa	[pɛrasa]
especiaria (f)	rempah-rempah	[rempah rempah]
molho (~ inglês)	saus	[saus]
vinagre (m)	cuka	[tʃuka]

| anis estrelado (m) | lawang | [lavaŋ] |
| manjericão (m) | kemangi | [kɛmaŋi] |

cravo (m)	cengkeh	[tʃeŋkeh]
gengibre (m)	halia	[halia]
coentro (m)	ketumbar	[kɛtumbar]
canela (f)	kayu manis	[kaju manis]
gergelim (m)	bijan	[bidʒan]
folha (f) de louro	daun bay	[daun bej]
páprica (f)	paprik	[paprik]
cominho (m)	jintan putih	[dʒintan putih]
açafrão (m)	safron	[safron]

48. Refeições

comida (f)	makanan	[makanan]
comer (vt)	makan	[makan]
café (m) da manhã	makan pagi	[makan pagi]
tomar café da manhã	makan pagi	[makan pagi]
almoço (m)	makan tengah hari	[makan tɛŋah hari]
almoçar (vi)	makan tengah hari	[makan tɛŋah hari]
jantar (m)	makan malam	[makan malam]
jantar (vi)	makan malam	[makan malam]
apetite (m)	selera	[sɛlera]
Bom apetite!	Selamat jamu selera!	[sɛlamat dʒamu sɛlera]
abrir (~ uma lata, etc.)	membuka	[mɛmbuka]
derramar (~ líquido)	menumpahkan	[mɛnumpahkan]
derramar-se (vr)	tertumpah	[tɛrtumpah]
ferver (vi)	mendidih	[mɛndidih]
ferver (vt)	mendidihkan	[mɛndidihkan]
fervido (adj)	masak	[masak]
esfriar (vt)	menyejukkan	[mɛnjedʒukkan]
esfriar-se (vr)	menjadi sejuk	[mɛndʒadi sɛdʒuk]
sabor, gosto (m)	rasa	[rasa]
fim (m) de boca	rasa kesan	[rasa kɛsan]
emagrecer (vi)	berdiet	[berdiet]
dieta (f)	diet	[diet]
vitamina (f)	vitamin	[vitamin]
caloria (f)	kalori	[kalori]
vegetariano (m)	vegetarian	[vegetarian]
vegetariano (adj)	vegetarian	[vegetarian]
gorduras (f pl)	lemak	[lɛmak]
proteínas (f pl)	protein	[protein]
carboidratos (m pl)	karbohidrat	[karbohidrat]
fatia (~ de limão, etc.)	irisan	[irisan]
pedaço (~ de bolo)	potongan	[potoŋan]
migalha (f), farelo (m)	remah	[rɛmah]

49. Por a mesa

colher (f)	sudu	[sudu]
faca (f)	pisau	[pisau]
garfo (m)	garpu	[garpu]

xícara (f)	cawan	[ʧavan]
prato (m)	pinggan	[piŋgan]
pires (m)	alas cawan	[alas ʧavan]
guardanapo (m)	napkin	[napkin]
palito (m)	cungkil gigi	[ʧuŋkil gigi]

50. Restaurante

restaurante (m)	restoran	[restoran]
cafeteria (f)	kedai kopi	[kɛdaj kopi]
bar (m), cervejaria (f)	bar	[bar]
salão (m) de chá	ruang teh	[ruaŋ te]

garçom (m)	pelayan	[pɛlajan]
garçonete (f)	pelayan perempuan	[pɛlajan pɛrɛmpuan]
barman (m)	pelayan bar	[pɛlajan bar]

cardápio (m)	menu	[menu]
lista (f) de vinhos	kad wain	[kad vajn]
reservar uma mesa	menempah meja	[mɛnɛmpah medʒa]

prato (m)	masakan	[masakan]
pedir (vt)	menempah	[mɛnɛmpah]
fazer o pedido	menempah	[mɛnɛmpah]

aperitivo (m)	aperitif	[aperitif]
entrada (f)	pembuka selera	[pɛmbuka sɛlera]
sobremesa (f)	pencuci mulut	[pɛnʧuʧi mulut]

conta (f)	bil	[bil]
pagar a conta	membayar bil	[mɛmbajar bil]
dar o troco	memberi wang baki	[mɛmbri vaŋ baki]
gorjeta (f)	tip	[tip]

Família, parentes e amigos

51. Informação pessoal. Formulários

nome (m)	nama	[nama]
sobrenome (m)	nama keluarga	[nama kɛluarga]
data (f) de nascimento	tarikh lahir	[tarih lahir]
local (m) de nascimento	tempat lahir	[tɛmpat lahir]
nacionalidade (f)	bangsa	[baŋsa]
lugar (m) de residência	tempat kediaman	[tɛmpat kediaman]
país (m)	negara	[nɛgara]
profissão (f)	profesion	[profesion]
sexo (m)	jenis kelamin	[dʒɛnis kɛlamin]
estatura (f)	tinggi badan	[tiŋgi badan]
peso (m)	berat	[brat]

52. Membros da família. Parentes

mãe (f)	ibu	[ibu]
pai (m)	bapa	[bapa]
filho (m)	anak lelaki	[anak lɛlaki]
filha (f)	anak perempuan	[anak pɛrɛmpuan]
caçula (f)	anak perempuan bungsu	[anak pɛrɛmpuan buŋsu]
caçula (m)	anak lelali bungsu	[anak lɛlali buŋsu]
filha (f) mais velha	anak perempuan sulung	[anak pɛrɛmpuan suluŋ]
filho (m) mais velho	anak lelaki sulung	[anak lɛlaki suluŋ]
irmão (m)	saudara	[saudara]
irmão (m) mais velho	abang	[abaŋ]
irmão (m) mais novo	adik lelaki	[adik lɛlaki]
irmã (f)	saudara perempuan	[saudara pɛrɛmpuan]
irmã (f) mais velha	kakak perempuan	[kakak pɛrɛmpuan]
irmã (f) mais nova	adik perempuan	[adik pɛrɛmpuan]
primo (m)	sepupu lelaki	[sɛpupu lɛlaki]
prima (f)	sepupu perempuan	[sɛpupu pɛrɛmpuan]
mamãe (f)	ibu	[ibu]
papai (m)	bapa	[bapa]
pais (pl)	ibu bapa	[ibu bapa]
criança (f)	anak	[anak]
crianças (f pl)	anak-anak	[anak anak]
avó (f)	nenek	[nenek]
avô (m)	datuk	[datuk]

neto (m)	cucu lelaki	[ʧuʧu lɛlaki]
neta (f)	cucu perempuan	[ʧuʧu pɛrɛmpuan]
netos (pl)	cucu-cicit	[ʧuʧu ʧiʧit]

tio (m)	pak cik	[pak ʧik]
tia (f)	mak cik	[mak ʧik]
sobrinho (m)	anak saudara lelaki	[anak saudara lɛlaki]
sobrinha (f)	anak saudara perempuan	[anak saudara pɛrɛmpuan]

sogra (f)	ibu mertua	[ibu mɛrtua]
sogro (m)	bapa mertua	[bapa mɛrtua]
genro (m)	menantu lelaki	[mɛnantu lɛlaki]
madrasta (f)	ibu tiri	[ibu tiri]
padrasto (m)	bapa tiri	[bapa tiri]

criança (f) de colo	bayi	[baji]
bebê (m)	bayi	[baji]
menino (m)	budak kecil	[budak kɛʧil]

mulher (f)	isteri	[istri]
marido (m)	suami	[suami]
esposo (m)	suami	[suami]
esposa (f)	isteri	[istri]

casado (adj)	berkahwin, beristeri	[bɛrkahvin], [bɛristri]
casada (adj)	berkahwin, bersuami	[bɛrkahvin], [bɛrsuami]
solteiro (adj)	bujang	[budʒaŋ]
solteirão (m)	bujang	[budʒaŋ]
divorciado (adj)	bercerai	[bɛrʧɛraj]
viúva (f)	balu	[balu]
viúvo (m)	duda	[duda]

parente (m)	saudara	[saudara]
parente (m) próximo	keluarga dekat	[kɛluarga dɛkat]
parente (m) distante	saudara jauh	[saudara dʒauh]
parentes (m pl)	keluarga	[kɛluarga]

órfão (m), órfã (f)	piatu	[piatu]
tutor (m)	wali	[vali]
adotar (um filho)	mengangkat anak lelaki	[mɛŋaŋkat anak lɛlaki]
adotar (uma filha)	mengangkat anak perempuan	[mɛŋaŋkat anak pɛrɛmpuan]

53. Amigos. Colegas de trabalho

amigo (m)	sahabat	[sahabat]
amiga (f)	teman wanita	[tɛman vanita]
amizade (f)	persahabatan	[pɛrsahabatan]
ser amigos	bersahabat	[bɛrsahabat]

amigo (m)	teman	[tɛman]
amiga (f)	teman wanita	[tɛman vanita]
parceiro (m)	rakan	[rakan]
chefe (m)	bos	[bos]

superior (m)	kepala	[kɛpala]
proprietário (m)	pemilik	[pɛmilik]
subordinado (m)	orang bawahan	[oraŋ bavahan]
colega (m, f)	rakan	[rakan]

conhecido (m)	kenalan	[kɛnalan]
companheiro (m) de viagem	rakan seperjalanan	[rakan sɛpɛrdʒalanan]
colega (m) de classe	teman sedarjah	[tɛman sɛdardʒah]

vizinho (m)	jiran lelaki	[dʒiran lɛlaki]
vizinha (f)	jiran perempuan	[dʒiran pɛrɛmpuan]
vizinhos (pl)	jiran	[dʒiran]

54. Homem. Mulher

mulher (f)	perempuan	[pɛrɛmpuan]
menina (f)	gadis	[gadis]
noiva (f)	pengantin perempuan	[pɛŋantin pɛrɛmpuan]

bonita, bela (adj)	cantik	[tʃantik]
alta (adj)	tinggi	[tiŋgi]
esbelta (adj)	ramping	[rampiŋ]
baixa (adj)	pendek	[pendek]

loira (f)	perempuan berambut blonde	[pɛrɛmpuan bɛrambut blonde]
morena (f)	perempuan berambut perang	[pɛrɛmpuan bɛrambut peraŋ]
de senhora	perempuan	[pɛrɛmpuan]
virgem (f)	perawan	[pɛravan]
grávida (adj)	hamil	[hamil]

homem (m)	lelaki	[lɛlaki]
loiro (m)	lelaki berambut blonde	[lɛlaki bɛrambut blonde]
moreno (m)	lelaki berambut perang	[lɛlaki bɛrambut peraŋ]
alto (adj)	tinggi	[tiŋgi]
baixo (adj)	pendek	[pendek]
rude (adj)	kasar	[kasar]
atarracado (adj)	pendek dan gempal	[pendek dan gɛmpal]
robusto (adj)	tegap	[tɛgap]
forte (adj)	kuat	[kuat]
força (f)	kekuatan	[kɛkuatan]

gordo (adj)	gemuk	[gɛmuk]
moreno (adj)	berkulit gelap	[bɛrkulit gɛlap]
esbelto (adj)	ramping	[rampiŋ]
elegante (adj)	bergaya	[bɛrgaja]

55. Idade

| idade (f) | usia | [usia] |
| juventude (f) | masa muda | [masa muda] |

jovem (adj)	muda	[muda]
mais novo (adj)	lebih muda	[lɛbih muda]
mais velho (adj)	lebih tua	[lɛbih tua]
jovem (m)	pemuda	[pɛmuda]
adolescente (m)	remaja	[rɛmadʒa]
rapaz (m)	pemuda	[pɛmuda]
velho (m)	lelaki tua	[lɛlaki tua]
velha (f)	perempuan tua	[pɛrɛmpuan tua]
adulto	dewasa	[devasa]
de meia-idade	pertengahan umur	[pɛrtɛŋahan umur]
idoso, de idade (adj)	lanjut usia	[landʒut usia]
velho (adj)	tua	[tua]
aposentadoria (f)	pencen	[pentʃen]
aposentar-se (vr)	bersara	[bɛrsara]
aposentado (m)	pesara	[pɛsara]

56. Crianças

criança (f)	anak	[anak]
crianças (f pl)	anak-anak	[anak anak]
gêmeos (m pl), gêmeas (f pl)	kembar	[kɛmbar]
berço (m)	buaiyan	[buajan]
chocalho (m)	kelentong	[kelentoŋ]
fralda (f)	lampin	[lampin]
chupeta (f), bico (m)	puting	[putiŋ]
carrinho (m) de bebê	kereta bayi	[kreta baʲi]
jardim (m) de infância	tadika	[tadika]
babysitter, babá (f)	pengasuh kanak-kanak	[pɛŋasuh kanak kanak]
infância (f)	masa kanak-kanak	[masa kanak kanak]
boneca (f)	patung mainan	[patuŋ majnan]
brinquedo (m)	mainan	[majnan]
jogo (m) de montar	permainan binaan	[permajnan binaan]
bem-educado (adj)	berbudi bahasa	[bɛrbudi bahasa]
malcriado (adj)	kurang ajar	[kuraŋ adʒar]
mimado (adj)	manja	[mandʒa]
ser travesso	berbuat nakal	[bɛrbuat nakal]
travesso, traquinas (adj)	nakal	[nakal]
travessura (f)	kenakalan	[kɛnakalan]
criança (f) travessa	budak nakal	[budak nakal]
obediente (adj)	patuh	[patuh]
desobediente (adj)	tidak patuh	[tidak patuh]
dócil (adj)	menurut kata	[mɛnurut kata]
inteligente (adj)	pandai, cerdik	[pandaj], [tʃɛrdik]
prodígio (m)	kanak-kanak genius	[kanak kanak genius]

57. Casais. Vida de família

beijar (vt)	mencium	[mɛntʃlum]
beijar-se (vr)	bercium-ciuman	[bɛrtʃium tʃiuman]
família (f)	keluarga	[kɛluarga]
familiar (vida ~)	keluarga, berkeluarga	[kɛluarga], [bɛrkɛluarga]
casal (m)	pasangan	[pasaŋan]
matrimônio (m)	perkahwinan	[pɛrkahvinan]
lar (m)	rumah	[rumah]
dinastia (f)	dinasti	[dinasti]

encontro (m)	janji temu	[dʒandʒi tɛmu]
beijo (m)	ciuman	[tʃiuman]

amor (m)	cinta	[tʃinta]
amar (pessoa)	mencintai	[mɛntʃintai]
amado, querido (adj)	kekasih	[kɛkasih]

ternura (f)	kelembutan	[kɛlɛmbutan]
afetuoso (adj)	lembut	[lɛmbut]
fidelidade (f)	kesetiaan	[kesetiaan]
fiel (adj)	setia	[sɛtia]
cuidado (m)	perhatian	[pɛrhatian]
carinhoso (adj)	bertimbang rasa	[bɛrtimbaŋ rasa]

recém-casados (pl)	pengantin baru	[pɛŋantin baru]
lua (f) de mel	bulan madu	[bulan madu]
casar-se (com um homem)	berkahwin, bersuami	[bɛrkahvin], [bɛrsuami]
casar-se (com uma mulher)	berkahwin, beristeri	[bɛrkahvin], [bɛristri]

casamento (m)	majlis perkahwinan	[madʒlis pɛrkahvinan]
bodas (f pl) de ouro	perkahwinan emas	[pɛrkahvinan ɛmas]
aniversário (m)	ulang tahun	[ulaŋ tahun]

amante (m)	kekasih	[kɛkasih]
amante (f)	kekasih, perempuan simpanan	[kɛkasih], [pɛrɛmpuan simpanan]

adultério (m), traição (f)	kecurangan	[kɛtʃuraŋan]
cometer adultério	curang	[tʃuraŋ]
ciumento (adj)	cemburu	[tʃɛmburu]
ser ciumento, -a	cemburu	[tʃɛmburu]
divórcio (m)	perceraian	[pɛrtʃɛrajan]
divorciar-se (vr)	bercerai	[bɛrtʃɛraj]

brigar (discutir)	bertengkar	[bɛrtɛŋkar]
fazer as pazes	berdamai	[bɛrdamaj]

juntos (ir ~)	bersama	[bɛrsama]
sexo (m)	seks	[seks]

felicidade (f)	kebahagiaan	[kɛbahagiaan]
feliz (adj)	berbahagia	[bɛrbahagia]
infelicidade (f)	kemalangan	[kɛmalaŋan]
infeliz (adj)	malang	[malaŋ]

Caráter. Sentimentos. Emoções

58. Sentimentos. Emoções

sentimento (m)	perasaan	[pɛrasaan]
sentimentos (m pl)	perasaan	[pɛrasaan]
sentir (vt)	merasa	[mɛrasa]
fome (f)	kelaparan	[kɛlaparan]
ter fome	lapar	[lapar]
sede (f)	kehausan	[kɛhausan]
ter sede	haus	[haus]
sonolência (f)	rasa ngantuk	[rasa ŋantuk]
estar sonolento	mahu tidur	[mahu tidur]
cansaço (m)	keletihan	[kɛlɛtihan]
cansado (adj)	letih	[lɛtih]
ficar cansado	letih	[lɛtih]
humor (m)	angin	[aŋin]
tédio (m)	kebosanan	[kɛbosanan]
entediar-se (vr)	bosan	[bosan]
reclusão (isolamento)	kesepian	[kɛsepian]
isolar-se (vr)	bersunyi diri	[bɛrsunji diri]
preocupar (vt)	merisaukan	[mɛrisaukan]
estar preocupado	khuatir	[kuatir]
preocupação (f)	kekhuatiran	[kɛkuatiran]
ansiedade (f)	kekhuatiran	[kɛkuatiran]
preocupado (adj)	risau	[risau]
estar nervoso	naik resah	[naik rɛsah]
entrar em pânico	panik	[panik]
esperança (f)	harapan	[harapan]
esperar (vt)	harap	[harap]
certeza (f)	keyakinan	[kɛjakinan]
certo, seguro de ...	yakin	[jakin]
indecisão (f)	keraguan	[kɛraguan]
indeciso (adj)	ragu-ragu	[ragu ragu]
bêbado (adj)	mabuk	[mabuk]
sóbrio (adj)	waras	[varas]
fraco (adj)	lemah	[lɛmah]
feliz (adj)	berbahagia	[bɛrbahagia]
assustar (vt)	menakutkan	[mɛnakutkan]
fúria (f)	keberangan	[kɛberaŋan]
ira, raiva (f)	kemarahan	[kɛmarahan]
depressão (f)	kemurungan	[kɛmuruŋat]
desconforto (m)	ketidakselesaan	[kɛtidaksɛlesaan]

conforto (m)	keselesaan	[kesɛlesaan]
arrepender-se (vr)	terkilan	[tɛrkilan]
arrependimento (m)	rasa terkilan	[rasa tɛrkilan]
azar (m), má sorte (f)	nasib malang	[nasib malaŋ]
tristeza (f)	dukacita	[dukatʃita]
vergonha (f)	rasa malu	[rasa malu]
alegria (f)	keriangan	[kɛriaŋan]
entusiasmo (m)	keghairahan	[kɛɣairahan]
entusiasta (m)	orang yang bersemangat	[oraŋ jaŋ bɛrsɛmaŋat]
mostrar entusiasmo	memperlihatkan keghairahan	[mɛmpɛrlihatkan kɛɣajrahan]

59. Caráter. Personalidade

caráter (m)	sifat	[sifat]
falha (f) de caráter	kecacatan	[kɛtʃatʃatan]
mente (f)	otak	[otak]
razão (f)	akal	[akal]
consciência (f)	hati nurani	[hati nurani]
hábito, costume (m)	kebiasaan	[kɛbiasaan]
habilidade (f)	bakat	[bakat]
saber (~ nadar, etc.)	pandai, boleh	[pandaj], [bole]
paciente (adj)	sabar	[sabar]
impaciente (adj)	tidak sabar	[tidak sabar]
curioso (adj)	suka ambil tahu	[suka ambil tahu]
curiosidade (f)	rasa ingin tahu	[rasa iŋin tahu]
modéstia (f)	kerendahan hati	[kɛrɛndahan hati]
modesto (adj)	rendah hati	[rɛndah hati]
imodesto (adj)	tidak kenal malu	[tidak kɛnal malu]
preguiça (f)	kemalasan	[kɛmalasan]
preguiçoso (adj)	malas	[malas]
preguiçoso (m)	pemalas	[pɛmalas]
astúcia (f)	kelicikan	[kɛlitʃikan]
astuto (adj)	licik	[litʃik]
desconfiança (f)	ketidakpercayaan	[kɛtidakpɛrtʃajaan]
desconfiado (adj)	tidak percaya	[tidak pɛrtʃaja]
generosidade (f)	kemurahan hati	[kɛmurahan hati]
generoso (adj)	murah hati	[murah hati]
talentoso (adj)	berbakat	[bɛrbakat]
talento (m)	bakat	[bakat]
corajoso (adj)	berani	[brani]
coragem (f)	keberanian	[kebranian]
honesto (adj)	jujur	[dʒudʒur]
honestidade (f)	kejujuran	[kɛdʒudʒuran]
prudente, cuidadoso (adj)	berhati-hati	[bɛrhati hati]
valoroso (adj)	berani	[brani]

| sério (adj) | serius | [serius] |
| severo (adj) | tegas | [tɛgas] |

decidido (adj)	tegas	[tɛgas]
indeciso (adj)	ragu-ragu	[ragu ragu]
tímido (adj)	malu	[malu]
timidez (f)	sifat pemalu	[sifat pɛmalu]

confiança (f)	kepercayaan	[kɛpɛrtʃajaan]
confiar (vt)	percaya	[pɛrtʃaja]
crédulo (adj)	yang mudah percaya	[jaŋ mudah pɛrtʃaja]

sinceramente	dengan tulus ikhlas	[dɛŋan tulus ihlas]
sincero (adj)	tulus ikhlas	[tulus ihlas]
sinceridade (f)	ketulusikhlasan	[kɛtulusihlasan]
aberto (adj)	terbuka	[tɛrbuka]

calmo (adj)	tenang	[tɛnaŋ]
franco (adj)	terus terang	[tɛrus tɛraŋ]
ingênuo (adj)	naif	[naif]
distraído (adj)	lalai	[lalaj]
engraçado (adj)	lucu	[lutʃu]

ganância (f)	ketamakan	[kɛtamakan]
ganancioso (adj)	tamak	[tamak]
avarento, sovina (adj)	kedekut	[kɛdɛkut]
mal (adj)	jahat	[dʒahat]
teimoso (adj)	degil	[dɛgil]
desagradável (adj)	tidak menyenangkan	[tidak mɛnjenaŋkan]

egoísta (m)	egois	[egois]
egoísta (adj)	egoistik	[egoistik]
covarde (m)	penakut	[pɛnakut]
covarde (adj)	penakut	[pɛnakut]

60. O sono. Sonhos

dormir (vi)	tidur	[tidur]
sono (m)	tidur	[tidur]
sonho (m)	mimpi	[mimpi]
sonhar (ver sonhos)	bermimpi	[bɛrmimpi]
sonolento (adj)	ngantuk	[ŋantuk]

cama (f)	katil	[katil]
colchão (m)	tilam	[tilam]
cobertor (m)	selimut	[sɛlimut]
travesseiro (m)	bantal	[bantal]
lençol (m)	kain cadar	[kain tʃadar]

insônia (f)	insomnia	[insomnia]
sem sono (adj)	tidak tidur	[tidak tidur]
sonífero (m)	ubat tidur	[ubat tidur]
tomar um sonífero	menerima ubat tidur	[mɛnɛrima ubat tidur]
estar sonolento	mahu tidur	[mahu tidur]

bocejar (vi)	menguap	[mɛŋwap]
ir para a cama	pergi tidur	[pɛrgi tidur]
fazer a cama	menyediakan katil	[mɛnjediakan katil]
adormecer (vi)	tidur	[tidur]

pesadelo (m)	mimpi ngeri	[mimpi ŋɛri]
ronco (m)	dengkuran	[dɛŋkuran]
roncar (vi)	berdengkur	[bɛrdɛŋkur]

despertador (m)	jam loceng	[dʒam loʧeŋ]
acordar, despertar (vt)	membangunkan	[mɛmbaŋuŋkan]
acordar (vi)	bangun	[baŋun]
levantar-se (vr)	bangun	[baŋun]
lavar-se (vr)	mencuci muka	[mɛnʧuʧi muka]

61. Humor. Riso. Alegria

humor (m)	humor	[humor]
senso (m) de humor	rasa humor	[rasa humor]
divertir-se (vr)	bersuka ria	[bɛrsuka ria]
alegre (adj)	riang, gembira	[riaŋ], [gɛmbira]
diversão (f)	keriangan	[kɛriaŋan]

sorriso (m)	senyuman	[sɛnjuman]
sorrir (vi)	senyum	[sɛnjum]
começar a rir	tertawa	[tɛrtava]
rir (vi)	ketawa	[kɛtava]
riso (m)	ketawa	[kɛtava]

anedota (f)	anekdot	[anekdot]
engraçado (adj)	lucu	[luʧu]
ridículo, cômico (adj)	lucu	[luʧu]

brincar (vi)	berjenaka	[bɛrdʒɛnaka]
piada (f)	jenaka	[dʒɛnaka]
alegria (f)	kegembiraan	[kɛgɛmbiraan]
regozijar-se (vr)	bergembira	[bɛrgɛmbira]
alegre (adj)	gembira	[gɛmbira]

62. Discussão, conversação. Parte 1

| comunicação (f) | pergaulan | [pɛrgaulan] |
| comunicar-se (vr) | bergaul | [bɛrgaul] |

conversa (f)	percakapan	[pɛrʧakapan]
diálogo (m)	dialog	[dialog]
discussão (f)	perbincangan	[pɛrbinʧaŋan]
debate (m)	debat	[debat]
debater (vt)	berdebat	[bɛrdebat]

| interlocutor (m) | kawan berbual | [kavan bɛrbual] |
| tema (m) | tema, topik | [tema], [topik] |

ponto (m) de vista	pendirian	[pɛndirian]
opinião (f)	pendapat	[pɛndapat]
discurso (m)	ucapan	[utʃapan]

discussão (f)	perbincangan	[pɛrbintʃaŋan]
discutir (vt)	membincangkan	[mɛmbintʃaŋkan]
conversa (f)	percakapan	[pɛrtʃakapan]
conversar (vi)	bercakap	[bɛrtʃakap]
reunião (f)	perjumpaan	[pɛrdʒumpaan]
encontrar-se (vr)	berjumpa	[bɛrdʒumpa]

provérbio (m)	peribahasa	[pɛribahasa]
ditado, provérbio (m)	perumpamaan	[pɛrumpamaan]
adivinha (f)	teka-teki	[tɛka tɛki]
dizer uma adivinha	memberi teka-teki	[mɛmbri tɛka tɛki]
senha (f)	kata laluan	[kata laluan]
segredo (m)	rahsia	[rahsia]

juramento (m)	sumpah	[sumpah]
jurar (vi)	bersumpah	[bɛrsumpah]
promessa (f)	janji	[dʒandʒi]
prometer (vt)	menjanji	[mɛndʒandʒi]

conselho (m)	nasihat	[nasihat]
aconselhar (vt)	menasihatkan	[mɛnasihatkan]
seguir o conselho	mengikuti nasihat	[mɛŋikuti nasihat]
escutar (~ os conselhos)	mendengar nasihat	[mɛndɛŋar nasihat]

novidade, notícia (f)	berita	[brita]
sensação (f)	sensasi	[sensasi]
informação (f)	data	[data]
conclusão (f)	kesimpulan	[kɛsimpulan]
voz (f)	suara	[suara]
elogio (m)	pujian	[pudʒian]
amável, querido (adj)	mesra	[mɛsra]

palavra (f)	perkataan	[pɛrkataan]
frase (f)	rangkai kata	[raŋkaj kata]
resposta (f)	jawapan	[dʒavapan]
verdade (f)	kebenaran	[kɛbɛnaran]
mentira (f)	kebohongan	[kɛbohoŋan]

pensamento (m)	fikiran	[fikiran]
ideia (f)	gagasan	[gagasan]
fantasia (f)	khalayan	[halajan]

63. Discussão, conversação. Parte 2

estimado, respeitado (adj)	yang dihormati	[jaŋ dihormati]
respeitar (vt)	menghormati	[mɛŋɣormati]
respeito (m)	penghormatan	[pɛŋɣormatan]
Estimado ..., Caro ...	... yang dihormati	[jaŋ dihormati]
apresentar (alguém a alguém)	memperkenalkan	[mɛmpɛrkɛnalkan]

conhecer (vt)	berkenalan	[bɛrkɛnalan]
intenção (f)	niat	[niat]
tencionar (~ fazer algo)	berniat	[bɛrniat]
desejo (de boa sorte)	pengharapan	[pɛŋɣarapan]
desejar (ex. ~ boa sorte)	mengharapkan	[mɛŋɣarapkan]
surpresa (f)	kehairanan	[kɛhajranan]
surpreender (vt)	menghairankan	[mɛŋɣajraŋkan]
surpreender-se (vr)	hairan	[hajran]
dar (vt)	memberi	[mɛmbri]
pegar (tomar)	mengambil	[mɛŋambil]
devolver (vt)	mengembalikan	[mɛŋɛmbalikan]
retornar (vt)	mengembalikan	[mɛŋɛmbalikan]
desculpar-se (vr)	minta maaf	[minta maaf]
desculpa (f)	permintaan maaf	[pɛrmintaan maaf]
perdoar (vt)	memaafkan	[mɛmaafkan]
falar (vi)	bercakap	[bɛrtʃakap]
escutar (vt)	mendengar	[mɛndɛŋar]
ouvir até o fim	mendengar	[mɛndɛŋar]
entender (compreender)	memahami	[mɛmahami]
mostrar (vt)	menunjukkan	[mɛnundʒukkan]
olhar para ...	memandang	[mɛmandaŋ]
chamar (alguém para ...)	memanggil	[mɛmaŋgil]
perturbar, distrair (vt)	mengusik	[mɛŋusik]
perturbar (vt)	mengganggu	[mɛŋgaŋgu]
entregar (~ em mãos)	menyerahkan	[mɛnjerahkan]
pedido (m)	permintaan	[pɛrmintaan]
pedir (ex. ~ ajuda)	meminta	[mɛminta]
exigência (f)	tuntutan	[tuntutan]
exigir (vt)	menuntut	[mɛnuntut]
insultar (chamar nomes)	mengejek	[mɛŋedʒek]
zombar (vt)	mencemuhkan	[mɛntʃɛmuhkan]
zombaria (f)	cemuhan	[tʃɛmuhan]
alcunha (f), apelido (m)	nama julukan	[nama dʒulukan]
insinuação (f)	pembayang	[pɛmbajaŋ]
insinuar (vt)	membayangkan	[mɛmbajaŋkan]
querer dizer	bermaksud	[bɛrmaksud]
descrição (f)	penggambaran	[pɛŋgambaran]
descrever (vt)	menggambarkan	[mɛŋgambarkan]
elogio (m)	pujian	[pudʒian]
elogiar (vt)	memuji	[mɛmudʒi]
desapontamento (m)	kekecewaan	[kɛkɛtʃevaan]
desapontar (vt)	mengecewakan	[mɛŋɛtʃevakan]
desapontar-se (vr)	kecewa	[kɛtʃeva]
suposição (f)	dugaan	[dugaan]
supor (vt)	menduga	[mɛnduga]

| advertência (f) | peringatan | [pɛriŋatan] |
| advertir (vt) | memperingatkan | [mɛmpɛriŋatkan] |

64. Discussão, conversação. Parte 3

| convencer (vt) | meyakinkan | [mɛjakiŋkan] |
| acalmar (vt) | menenangkan | [mɛnɛnaŋkan] |

silêncio (o ~ é de ouro)	diam	[diam]
ficar em silêncio	diam	[diam]
sussurrar (vt)	membisik	[mɛmbisik]
sussurro (m)	bisikan	[bisikan]

| francamente | terus terang | [tɛrus tɛraŋ] |
| na minha opinião ... | menurut pendapat saya | [mɛnurut pɛndapat saja] |

detalhe (~ da história)	perincian	[pɛrintʃian]
detalhado (adj)	terperinci	[tɛrpɛrintʃi]
detalhadamente	secara terperinci	[sɛtʃara tɛrpɛrintʃi]

| dica (f) | bayangan | [bajaŋan] |
| dar uma dica | memberi bayangan | [mɛmbri bajaŋan] |

olhar (m)	pandangan	[pandaŋan]
dar uma olhada	memandang	[mɛmandaŋ]
fixo (olhada ~a)	kaku	[kaku]
piscar (vi)	mengelipkan mata	[mɛŋelipkan mata]
piscar (vt)	mengelipkan	[mɛŋɛlipkan]
acenar com a cabeça	mengangguk	[mɛŋaŋguk]

suspiro (m)	keluhan	[kɛluhan]
suspirar (vi)	mengeluh	[mɛŋɛluh]
estremecer (vi)	terkejut	[tɛrkɛdʒut]
gesto (m)	isyarat	[iɕarat]
tocar (com as mãos)	menyentuh	[mɛnjentuh]
agarrar (~ pelo braço)	menangkap	[mɛnaŋkap]
bater de leve	menepuk	[mɛnɛpuk]

Cuidado!	Hati-hati!	[hati hati]
Sério?	Yakah?	[jakah]
Tem certeza?	Awak yakin?	[avak jakin]
Boa sorte!	Semoga berjaya!	[sɛmoga bɛrdʒaja]
Entendi!	Faham!	[faham]
Que pena!	Sayang!	[sajaŋ]

65. Acordo. Recusa

consentimento (~ mútuo)	persetujuan	[pɛrsɛtudʒuan]
consentir (vi)	setuju	[sɛtudʒu]
aprovação (f)	persetujuan	[pɛrsɛtudʒuan]
aprovar (vt)	menyetujui	[mɛnjetudʒui]
recusa (f)	penolakan	[pɛnolakan]

negar-se a ...	menolak	[mɛnolak]
Ótimo!	Baik sekali!	[baik sɛkali]
Tudo bem!	Baiklah!	[baiklah]
Está bem! De acordo!	Okeylah!	[okejlah]
proibido (adj)	larangan	[laraŋan]
é proibido	dilarang	[dilaraŋ]
é impossível	mustahil	[mustahil]
incorreto (adj)	salah	[salah]
rejeitar (~ um pedido)	menolak	[mɛnolak]
apoiar (vt)	menyokong	[mɛnjokoŋ]
aceitar (desculpas, etc.)	menerima	[mɛnɛrima]
confirmar (vt)	mengesahkan	[mɛŋɛsahkan]
confirmação (f)	pengesahan	[pɛŋɛsahan]
permissão (f)	izin	[izin]
permitir (vt)	mengizinkan	[mɛŋiziŋkan]
decisão (f)	keputusan	[kɛputusan]
não dizer nada	membisu	[mɛmbisu]
condição (com uma ~)	syarat, terma	[çarat], [tɛrma]
pretexto (m)	dalih	[dalih]
elogio (m)	pujian	[pudʒian]
elogiar (vt)	memuji	[mɛmudʒi]

66. Sucesso. Boa sorte. Insucesso

êxito, sucesso (m)	kejayaan	[kɛdʒajaan]
com êxito	dengan berjaya	[dɛŋan bɛrdʒaja]
bem sucedido (adj)	berjaya	[bɛrdʒaja]
sorte (fortuna)	tuah	[tuah]
Boa sorte!	Semoga berjaya!	[sɛmoga bɛrdʒaja]
de sorte	bertuah	[bɛrtuah]
sortudo, felizardo (adj)	bertuah	[bɛrtuah]
fracasso (m)	kegagalan	[kɛgagalan]
pouca sorte (f)	nasib malang	[nasib malaŋ]
azar (m), má sorte (f)	nasib malang	[nasib malaŋ]
mal sucedido (adj)	gagal	[gagal]
catástrofe (f)	kemalangan	[kɛmalaŋan]
orgulho (m)	kebanggaan	[kɛbaŋgaan]
orgulhoso (adj)	berbangga	[bɛrbaŋga]
estar orgulhoso, -a	bangga	[baŋga]
vencedor (m)	pemenang	[pɛmɛnaŋ]
vencer (vi, vt)	menang	[mɛnaŋ]
perder (vt)	tewas	[tevas]
tentativa (f)	percubaan	[pɛrtʃubaan]
tentar (vt)	mencuba	[mɛntʃuba]
chance (m)	peluang	[pɛluaŋ]

67. Conflitos. Emoções negativas

grito (m)	jeritan	[dʒɛritan]
gritar (vi)	berjerit	[bɛrdʒɛrit]
começar a gritar	menjerit	[mɛndʒɛrit]
discussão (f)	pertengkaran	[pɛrtɛŋkaran]
brigar (discutir)	bertengkar	[bɛrtɛŋkar]
escândalo (m)	pergaduhan	[pɛrgaduhan]
criar escândalo	bergaduh	[bɛrgaduh]
conflito (m)	sengketa	[sɛŋketa]
mal-entendido (m)	salah faham	[salah faham]
insulto (m)	penghinaan	[pɛŋɣinaan]
insultar (vt)	menghina	[mɛŋɣina]
insultado (adj)	terhina	[tɛrhina]
ofensa (f)	rasa tersinggung hati	[rasa tɛrsiŋguŋ hati]
ofender (vt)	menyinggung hati	[mɛnjiŋguŋ hati]
ofender-se (vr)	tersinggung hati	[tɛrsiŋguŋ hati]
indignação (f)	kemarahan	[kɛmarahan]
indignar-se (vr)	marah	[marah]
queixa (f)	aduan	[aduan]
queixar-se (vr)	mengadu	[mɛɲadu]
desculpa (f)	permintaan maaf	[pɛrmintaan maaf]
desculpar-se (vr)	minta maaf	[minta maaf]
pedir perdão	minta maaf	[minta maaf]
crítica (f)	kritikan	[kritikan]
criticar (vt)	mengkritik	[mɛŋkritik]
acusação (f)	tuduhan	[tuduhan]
acusar (vt)	menuduh	[mɛnuduh]
vingança (f)	dendam	[dɛndam]
vingar (vt)	mendendam	[mɛndɛndam]
vingar-se de	membalas	[membalas]
desprezo (m)	rasa benci	[rasa bɛntʃi]
desprezar (vt)	benci akan	[bɛntʃi akan]
ódio (m)	kebencian	[kɛbɛntʃian]
odiar (vt)	membenci	[mɛmbɛntʃi]
nervoso (adj)	resah	[rɛsah]
estar nervoso	naik resah	[naik rɛsah]
zangado (adj)	marah	[marah]
zangar (vt)	memarahkan	[mɛmarahkan]
humilhação (f)	penghinaan	[pɛŋɣinaan]
humilhar (vt)	merendahkan	[mɛrɛndahkan]
humilhar-se (vr)	merendahkan diri	[mɛrɛndahkan diri]
choque (m)	kejutan	[kɛdʒutan]
chocar (vt)	mengejutkan	[mɛɲɛdʒutkan]
aborrecimento (m)	kesusahan	[kɛsusahan]

desagradável (adj)	tidak menyenangkan	[tidak mɛnjenaŋkan]
medo (m)	ketakutan	[kɛtakutan]
terrível (tempestade, etc.)	dahsyat	[dahҫat]
assustador (ex. história ~a)	seram	[sɛram]
horror (m)	rasa ngeri	[rasa ŋɛri]
horrível (crime, etc.)	mengerikan	[mɛŋɛrikan]
começar a tremer	menggigil	[mɛŋgigil]
chorar (vi)	menangis	[mɛnaŋis]
começar a chorar	menangis	[mɛnaŋis]
lágrima (f)	air mata	[air mata]
falta (f)	kebersalahan	[kɛbɛrsalahan]
culpa (f)	rasa bersalah	[rasa bɛrsalah]
desonra (f)	keaiban	[keaiban]
protesto (m)	bantahan	[bantahan]
estresse (m)	tekanan	[tɛkanan]
perturbar (vt)	mengganggu	[mɛŋgaŋgu]
zangar-se com ...	naik berang	[naik beraŋ]
zangado (irritado)	marah	[marah]
terminar (vt)	memberhentikan	[mɛmbɛrhɛntikan]
praguejar	memarahi	[mɛmarahi]
assustar-se	takut	[takut]
golpear (vt)	memukul	[mɛmukul]
brigar (na rua, etc.)	berkelahi	[bɛrkɛlahi]
resolver (o conflito)	menyelesaikan	[mɛnjelɛsajkan]
descontente (adj)	tidak puas	[tidak puas]
furioso (adj)	garang	[garaŋ]
Não está bem!	Ini kurang baik!	[ini kuraŋ baik]
É ruim!	Ini buruk!	[ini buruk]

Medicina

68. Doenças

doença (f)	penyakit	[pɛnjakit]
estar doente	sakit	[sakit]
saúde (f)	kesihatan	[kɛsihatan]
nariz (m) escorrendo	hidung berair	[hiduŋ bɛrair]
amigdalite (f)	radang tenggorok	[radaŋ tɛŋgorok]
resfriado (m)	selesema	[sɛlsɛma]
ficar resfriado	demam selesema	[dɛmam sɛlsɛma]
bronquite (f)	bronkitis	[broŋkitis]
pneumonia (f)	radang paru-paru	[radaŋ paru paru]
gripe (f)	selesema	[sɛlsɛma]
míope (adj)	rabun jauh	[rabun dʒauh]
presbita (adj)	rabun dekat	[rabun dɛkat]
estrabismo (m)	mata juling	[mata dʒuliŋ]
estrábico, vesgo (adj)	bermata juling	[bɛrmata dʒuliŋ]
catarata (f)	katarak	[katarak]
glaucoma (m)	glaukoma	[glaukoma]
AVC (m), apoplexia (f)	angin amhar	[aŋin amhar]
ataque (m) cardíaco	serangan jantung	[sɛraŋan dʒantuŋ]
enfarte (m) do miocárdio	serangan jantung	[sɛraŋan dʒantuŋ]
paralisia (f)	lumpuh	[lumpuh]
paralisar (vt)	melumpuhkan	[mɛlumpuhkan]
alergia (f)	alahan	[alahan]
asma (f)	penyakit lelah	[pɛnjakit lɛlah]
diabetes (f)	diabetes	[diabetes]
dor (f) de dente	sakit gigi	[sakit gigi]
cárie (f)	karies	[karis]
diarreia (f)	cirit-birit	[tʃirit birit]
prisão (f) de ventre	sembelit	[sɛmbɛlit]
desarranjo (m) intestinal	sakit perut	[sakit prut]
intoxicação (f) alimentar	keracunan	[kɛratʃunan]
intoxicar-se	keracunan	[kɛratʃunan]
artrite (f)	artritis	[artritis]
raquitismo (m)	penyakit riket	[penjakit riket]
reumatismo (m)	reumatisme	[reumatismɛ]
arteriosclerose (f)	aterosklerosis	[aterosklerosis]
gastrite (f)	gastritis	[gastritis]
apendicite (f)	apendisitis	[apendisitis]

| colecistite (f) | radang pundi hempedu | [radaŋ pundi hɛmpɛdu] |
| úlcera (f) | ulser | [ulser] |

sarampo (m)	campak	[ʧampak]
rubéola (f)	penyakit campak Jerman	[pɛnjakit ʧampak dӡerman]
icterícia (f)	sakit kuning	[sakit kuniŋ]
hepatite (f)	hepatitis	[hepatitis]

esquizofrenia (f)	skizofrenia	[skizofrenia]
raiva (f)	penyakit anjing gila	[pɛnjakit andӡiŋ gila]
neurose (f)	neurosis	[neurosis]
contusão (f) cerebral	gegaran otak	[gɛgaran otak]

câncer (m)	barah, kanser	[barah], [kansɛr]
esclerose (f)	sklerosis	[sklerosis]
esclerose (f) múltipla	sklerosis berbilang	[sklerosis bɛrbilaŋ]

alcoolismo (m)	alkoholisme	[alkoholismɛ]
alcoólico (m)	kaki arak	[kaki arak]
sífilis (f)	sifilis	[sifilis]
AIDS (f)	AIDS	[ejds]

tumor (m)	tumor	[tumor]
maligno (adj)	ganas	[ganas]
benigno (adj)	bukan barah	[bukan barah]

febre (f)	demam	[dɛmam]
malária (f)	malaria	[malaria]
gangrena (f)	kelemayuh	[kɛlɛmajuh]
enjoo (m)	mabuk laut	[mabuk laut]
epilepsia (f)	epilepsi	[epilepsi]

epidemia (f)	wabak	[vabak]
tifo (m)	tifus	[tifus]
tuberculose (f)	tuberkulosis	[tubɛrkulosis]
cólera (f)	penyakit taun	[pɛnjakit taun]
peste (f) bubônica	sampar	[sampar]

69. Sintomas. Tratamentos. Parte 1

sintoma (m)	tanda	[tanda]
temperatura (f)	suhu	[suhu]
febre (f)	suhu tinggi	[suhu tiŋgi]
pulso (m)	nadi	[nadi]

vertigem (f)	rasa pening	[rasa pɛniŋ]
quente (testa, etc.)	panas	[panas]
calafrio (m)	gigil	[gigil]
pálido (adj)	pucat	[puʧat]

tosse (f)	batuk	[batuk]
tossir (vi)	batuk	[batuk]
espirrar (vi)	bersin	[bɛrsin]
desmaio (m)	pengsan	[peŋsan]

desmaiar (vi)	jatuh pengsan	[dʒatuh peŋsan]
mancha (f) preta	luka lebam	[luka lɛbam]
galo (m)	bengkak	[bɛŋkak]
machucar-se (vr)	melanggar	[mɛlaŋgar]
contusão (f)	luka memar	[luka mɛmar]
machucar-se (vr)	kena luka memar	[kɛna luka mɛmar]

mancar (vi)	berjalan pincang	[bɛrdʒalan pintʃaŋ]
deslocamento (f)	seliuh	[sɛliuh]
deslocar (vt)	terseliuh	[terɛeliuh]
fratura (f)	patah	[patah]
fraturar (vt)	patah	[patah]

corte (m)	hirisan	[hirisan]
cortar-se (vr)	terhiris	[tɛrhiris]
hemorragia (f)	pendarahan	[pɛndarahan]

| queimadura (f) | luka bakar | [luka bakar] |
| queimar-se (vr) | terkena luka bakar | [tɛrkɛna luka bakar] |

picar (vt)	mencucuk	[mɛntʃutʃuk]
picar-se (vr)	tercucuk	[tɛrtʃutʃuk]
lesionar (vt)	mencedera	[mntʃɛdɛra]
lesão (m)	cedera	[tʃɛdɛra]
ferida (f), ferimento (m)	cedera	[tʃɛdɛra]
trauma (m)	trauma	[trauma]

delirar (vi)	meracau	[mɛratʃau]
gaguejar (vi)	gagap	[gagap]
insolação (f)	strok matahari	[strok matahari]

70. Sintomas. Tratamentos. Parte 2

| dor (f) | sakit | [sakit] |
| farpa (no dedo, etc.) | selumbar | [sɛlumbar] |

suor (m)	peluh	[pɛluh]
suar (vi)	berpeluh	[bɛrpɛluh]
vômito (m)	muntah	[muntah]
convulsões (f pl)	kekejangan	[kɛkɛdʒaŋan]

grávida (adj)	hamil	[hamil]
nascer (vi)	dilahirkan	[dilahirkan]
parto (m)	kelahiran	[kɛlahiran]
dar à luz	melahirkan	[mɛlahirkan]
aborto (m)	pengguguran anak	[pɛŋguguran anak]

respiração (f)	pernafasan	[pɛrnafasan]
inspiração (f)	tarikan nafas	[tarikan nafas]
expiração (f)	penghembusan nafas	[pɛnɣɛmbusan nafas]
expirar (vi)	menghembuskan nafas	[mɛnɣɛmbuskan nafas]
inspirar (vi)	menarik nafas	[mɛnarik nafas]
inválido (m)	orang kurang upaya	[oraŋ kuraŋ upaja]
aleijado (m)	orang kurang upaya	[oraŋ kuraŋ upaja]

drogado (m)	penagih dadah	[pɛnagih dadah]
surdo (adj)	tuli	[tuli]
mudo (adj)	bisu	[bisu]
surdo-mudo (adj)	bisu tuli	[bisu tuli]
louco, insano (adj)	gila	[gila]
louco (m)	lelaki gila	[lɛlaki gila]
louca (f)	perempuan gila	[pɛrɛmpuan gila]
ficar louco	menjadi gila	[mɛndʒadi gila]
gene (m)	gen	[gen]
imunidade (f)	kekebalan	[kɛkɛbalan]
hereditário (adj)	pusaka, warisan	[pusaka], [varisan]
congênito (adj)	bawaan	[bavaan]
vírus (m)	virus	[virus]
micróbio (m)	kuman	[kuman]
bactéria (f)	kuman	[kuman]
infecção (f)	jangkitan	[dʒaŋkitan]

71. Sintomas. Tratamentos. Parte 3

hospital (m)	hospital	[hospital]
paciente (m)	pesakit	[pɛsakit]
diagnóstico (m)	diagnosis	[diagnosis]
cura (f)	rawatan	[ravatan]
tratamento (m) médico	rawatan	[ravatan]
curar-se (vr)	berubat	[bɛrubat]
tratar (vt)	merawat	[mɛravat]
cuidar (pessoa)	merawat	[mɛravat]
cuidado (m)	jagaan	[dʒagaan]
operação (f)	pembedahan, surgeri	[pɛmbɛdahan], ['sødʒeri]
enfaixar (vt)	membalut	[membalut]
enfaixamento (m)	pembalutan	[pɛmbalutan]
vacinação (f)	suntikan	[suntikan]
vacinar (vt)	menanam cacar	[mɛnanam t͡ʃat͡ʃar]
injeção (f)	cucukan, injeksi	[t͡ʃut͡ʃukan], [indʒeksi]
dar uma injeção	membuat suntikan	[mɛmbuat suntikan]
ataque (~ de asma, etc.)	serangan	[sɛraŋan]
amputação (f)	pemotongan	[pɛmotoŋan]
amputar (vt)	memotong	[mɛmotoŋ]
coma (f)	keadaan koma	[kɛadaan koma]
estar em coma	dalam keadaan koma	[dalam kɛadaan koma]
reanimação (f)	rawatan rapi	[ravatan rapi]
recuperar-se (vr)	sembuh	[sɛmbuh]
estado (~ de saúde)	keadaan	[kɛadaan]
consciência (perder a ~)	kesedaran	[kɛsedaran]
memória (f)	ingatan	[iŋatan]
tirar (vt)	mencabut	[mɛnt͡ʃabut]

obturação (f)	tampal gigi	[tampal gigi]
obturar (vt)	menampal	[mɛnampal]
hipnose (f)	hipnosis	[hipnosis]
hipnotizar (vt)	menghipnosis	[mɛŋɣipnosis]

72. Médicos

médico (m)	doktor	[doktor]
enfermeira (f)	jururawat	[dʒururavat]
médico (m) pessoal	doktor peribadi	[doktor pribadi]
dentista (m)	doktor gigi	[doktor gigi]
oculista (m)	doktor mata	[doktor mata]
terapeuta (m)	doktor am	[doktor am]
cirurgião (m)	doktor bedah	[doktor bɛdah]
psiquiatra (m)	doktor penyakit jiwa	[doktor pɛnjakit dʒiva]
pediatra (m)	doktor kanak-kanak	[doktor kanak kanak]
psicólogo (m)	pakar psikologi	[pakar psikologi]
ginecologista (m)	doktor sakit puan	[doktor sakit puan]
cardiologista (m)	pakar kardiologi	[pakar kardiologi]

73. Medicina. Drogas. Acessórios

medicamento (m)	ubat	[ubat]
remédio (m)	ubat	[ubat]
receitar (vt)	mempreskripsikan	[mɛmpreskripsikan]
receita (f)	preskripsi	[preskripsi]
comprimido (m)	pil	[pil]
unguento (m)	ubat sapu	[ubat sapu]
ampola (f)	ampul	[ampul]
solução, preparado (m)	ubat cair	[ubat tʃair]
xarope (m)	sirup	[sirup]
cápsula (f)	pil	[pil]
pó (m)	serbuk	[sɛrbuk]
atadura (f)	kain pembalut	[kain pɛmbalut]
algodão (m)	kapas	[kapas]
iodo (m)	iodin	[iodin]
curativo (m) adesivo	plaster	[plastɛr]
conta-gotas (m)	pipet	[pipet]
termômetro (m)	meter suhu	[metɛr suhu]
seringa (f)	picagari	[pitʃagari]
cadeira (f) de rodas	kerusi roda	[krusi roda]
muletas (f pl)	tongkat ketiak	[toŋkat kɛtiak]
analgésico (m)	ubat penahan sakit	[ubat pɛnahan sakit]
laxante (m)	julap	[dʒulap]

álcool (m)	alkohol	[alkohol]
ervas (f pl) medicinais	herba perubatan	[hɛrba pɛrubatan]
de ervas (chá ~)	herba	[hɛrba]

74. Fumar. Produtos tabágicos

tabaco (m)	tembakau	[tɛmbakau]
cigarro (m)	sigaret	[sigaret]
charuto (m)	cerutu	[ʧɛrutu]
cachimbo (m)	paip	[pajp]
maço (~ de cigarros)	kotak	[kotak]

fósforos (m pl)	mancis	[manʧis]
caixa (f) de fósforos	kotak mancis	[kotak manʧis]
isqueiro (m)	pemetik api	[pɛmɛtik api]
cinzeiro (m)	tempat abu rokok	[tɛmpat abu rokok]
cigarreira (f)	celepa rokok	[ʧɛlɛpa rokok]

piteira (f)	pemegang rokok	[pɛmɛgaŋ rokok]
filtro (m)	penapis	[pɛnapis]

fumar (vi, vt)	merokok	[mɛrokok]
acender um cigarro	menyalakan api rokok	[mɛnjalakan api rokok]
tabagismo (m)	merokok	[mɛrokok]
fumante (m)	perokok	[pɛrokok]

bituca (f)	puntung rokok	[puntuŋ rokok]
fumaça (f)	asap	[asap]
cinza (f)	abu	[abu]

HABITAT HUMANO

Cidade

75. Cidade. Vida na cidade

cidade (f)	**bandar**	[bandar]
capital (f)	**ibu negara**	[ibu nɛgara]
aldeia (f)	**kampung**	[kampuŋ]
mapa (m) da cidade	**pelan bandar**	[plan bandar]
centro (m) da cidade	**pusat bandar**	[pusat bandar]
subúrbio (m)	**pinggir bandar**	[piŋgir bandar]
suburbano (adj)	**pinggir bandar**	[piŋgir bandar]
periferia (f)	**pinggir**	[piŋgir]
arredores (m pl)	**persekitaran**	[pɛrɛekitaran]
quarteirão (m)	**blok**	[blok]
quarteirão (m) residencial	**blok kediaman**	[blok kɛdiaman]
tráfego (m)	**lalu lintas, trafik**	[lalu lintas], [trafik]
semáforo (m)	**lampu isyarat**	[lampu iɕarat]
transporte (m) público	**pengangkutan awam bandar**	[pɛŋaŋkutan avam bandar]
cruzamento (m)	**persimpangan**	[pɛrsimpaŋan]
faixa (f)	**lintasan pejalan kaki**	[lintasan pɛdʒalan kaki]
túnel (m) subterrâneo	**terowong pejalan kaki**	[tɛrovoŋ pɛdʒalan kaki]
cruzar, atravessar (vt)	**melintas**	[mɛlintas]
pedestre (m)	**pejalan kaki**	[pɛdʒalan kaki]
calçada (f)	**kaki lima**	[kaki lima]
ponte (f)	**jambatan**	[dʒambatan]
margem (f) do rio	**jalan tepi sungai**	[dʒalan tɛpi suŋaj]
fonte (f)	**pancutan air**	[pantʃutan air]
alameda (f)	**lorong**	[loroŋ]
parque (m)	**taman**	[taman]
bulevar (m)	**boulevard**	[bulevard]
praça (f)	**dataran**	[dataran]
avenida (f)	**lebuh**	[lɛbuh]
rua (f)	**jalan**	[dʒalan]
travessa (f)	**lorong**	[loroŋ]
beco (m) sem saída	**buntu**	[buntu]
casa (f)	**rumah**	[rumah]
edifício, prédio (m)	**bangunan**	[baŋunan]
arranha-céu (m)	**cakar langit**	[tʃakar laŋit]
fachada (f)	**muka**	[muka]

telhado (m)	bumbung	[bumbuŋ]
janela (f)	tingkap	[tiŋkap]
arco (m)	lengkung	[lɛŋkuŋ]
coluna (f)	tiang	[tiaŋ]
esquina (f)	sudut	[sudut]

vitrine (f)	cermin pameran	[ʧɛrmin pameran]
letreiro (m)	papan nama	[papan nama]
cartaz (do filme, etc.)	poster	[postɛr]
cartaz (m) publicitário	poster iklan	[postɛr iklan]
painel (m) publicitário	papan iklan	[papan iklan]

lixo (m)	sampah	[sampah]
lata (f) de lixo	tong sampah	[toŋ sampah]
jogar lixo na rua	menyepah	[mɛnjepah]
aterro (m) sanitário	tempat sampah	[tɛmpat sampah]

orelhão (m)	pondok telefon	[pondok telefon]
poste (m) de luz	tiang lampu jalan	[tiaŋ lampu dʒalan]
banco (m)	bangku	[baŋku]

polícia (m)	anggota polis	[aŋgota polis]
polícia (instituição)	polis	[polis]
mendigo, pedinte (m)	pengemis	[pɛŋɛmis]
desabrigado (m)	orang yang tiada tempat berteduh	[oraŋ jaŋ tiada tɛmpat bɛrtɛduh]

76. Instituições urbanas

loja (f)	kedai	[kɛdaj]
drogaria (f)	kedai ubat	[kɛdaj ubat]
ótica (f)	kedai optik	[kɛdaj optik]
centro (m) comercial	pusat membeli-belah	[pusat membli blah]
supermercado (m)	pasaraya	[pasaraja]

padaria (f)	kedai roti	[kɛdaj roti]
padeiro (m)	pembakar roti	[pɛmbakar roti]
pastelaria (f)	kedai kuih	[kɛdaj kuih]
mercearia (f)	barang-barang runcit	[baraŋ baraŋ runʧit]
açougue (m)	kedai daging	[kɛdaj dagiŋ]

| fruteira (f) | kedai sayur | [kɛdaj sajur] |
| mercado (m) | pasar | [pasar] |

cafeteria (f)	kedai kopi	[kɛdaj kopi]
restaurante (m)	restoran	[restoran]
bar (m)	kedai bir	[kɛdaj bir]
pizzaria (f)	kedai piza	[kɛdaj piza]

salão (m) de cabeleireiro	kedai gunting rambut	[kɛdaj guntiŋ rambut]
agência (f) dos correios	pejabat pos	[pɛdʒabat pos]
lavanderia (f)	kedai cucian kering	[kɛdaj ʧuʧian kɛriŋ]
estúdio (m) fotográfico	studio foto	[studio foto]
sapataria (f)	kedai kasut	[kɛdaj kasut]

| livraria (f) | kedai buku | [kɛdaj buku] |
| loja (f) de artigos esportivos | kedai barang sukan | [kɛdaj baraŋ sukan] |

costureira (m)	pembaikan baju	[pɛmbaikan badʒu]
aluguel (m) de roupa	sewaan kostum	[sevaan kostum]
videolocadora (f)	sewa filem	[seva filɛm]

circo (m)	sarkas	[sarkas]
jardim (m) zoológico	zoo	[zu]
cinema (m)	pawagam	[pavagam]
museu (m)	muzium	[muzium]
biblioteca (f)	perpustakaan	[pɛrpustakaan]

teatro (m)	teater	[teatɛr]
ópera (f)	opera	[opɛra]
boate (casa noturna)	kelab malam	[klab malam]
cassino (m)	kasino	[kasino]

mesquita (f)	masjid	[masdʒid]
sinagoga (f)	saumaah	[saumaah]
catedral (f)	katedral	[katɛdral]
templo (m)	rumah ibadat	[rumah ibadat]
igreja (f)	gereja	[gɛredʒa]

faculdade (f)	institut	[institut]
universidade (f)	universiti	[univɛrsiti]
escola (f)	sekolah	[sɛkolah]

prefeitura (f)	prefekture	[prefekturɛ]
câmara (f) municipal	dewan bandaran	[devan bandaran]
hotel (m)	hotel	[hotel]
banco (m)	bank	[baŋk]

embaixada (f)	kedutaan besar	[kɛdutaan bɛsar]
agência (f) de viagens	agensi pelancongan	[agensi pɛlantʃoŋan]
agência (f) de informações	pejabat penerangan	[pɛdʒabat pɛneraŋan]
casa (f) de câmbio	pusat pertukaran mata wang	[pusat pɛrtukaran mata vaŋ]

| metrô (m) | LRT | [ɛl ar ti] |
| hospital (m) | hospital | [hospital] |

| posto (m) de gasolina | stesen minyak | [stesen minjak] |
| parque (m) de estacionamento | tempat letak kereta | [tɛmpat lɛtak kreta] |

77. Transportes urbanos

ônibus (m)	bas	[bas]
bonde (m) elétrico	trem	[trem]
trólebus (m)	bas elektrik	[bas elektrik]
rota (f), itinerário (m)	laluan	[laluan]
número (m)	nombor	[nombor]
ir de ... (carro, etc.)	naik	[naik]
entrar no ...	naik	[naik]

descer do ...	turun	[turun]
parada (f)	perhentian	[pɛrhɛntian]
próxima parada (f)	perhentian berikut	[pɛrhɛntian bɛrikut]
terminal (m)	perhentian akhir	[pɛrhɛntian aχir]
horário (m)	jadual waktu	[dʒadual vaktu]
esperar (vt)	menunggu	[mɛnuŋgu]

| passagem (f) | tiket | [tiket] |
| tarifa (f) | harga tiket | [harga tiket] |

bilheteiro (m)	juruwang, kasyier	[dʒuruvaŋ], [kaʃier]
controle (m) de passagens	pemeriksaan tiket	[pɛmɛriksaan tiket]
revisor (m)	konduktor	[konduktor]

atrasar-se (vr)	lambat	[lambat]
perder (o autocarro, etc.)	ketinggalan	[kɛtiŋgalan]
estar com pressa	tergesa-gesa	[tɛrgɛsa gɛsa]

táxi (m)	teksi	[teksi]
taxista (m)	pemandu teksi	[pɛmandu teksi]
de táxi (ir ~)	naik teksi	[naik tɛksi]
ponto (m) de táxis	perhentian teksi	[pɛrhɛntian teksi]
chamar um táxi	memanggil teksi	[mɛmaŋgil teksi]
pegar um táxi	mengambil teksi	[mɛɳambil teksi]

tráfego (m)	lalu lintas, trafik	[lalu lintas], [trafik]
engarrafamento (m)	kesesakan trafik	[kɛsɛsakan trafik]
horas (f pl) de pico	jam sibuk	[dʒam sibuk]
estacionar (vi)	meletak kereta	[mɛlɛtak kreta]
estacionar (vt)	meletak	[mɛlɛtak]
parque (m) de estacionamento	tempat meletak	[tɛmpat mɛlɛtak]

metrô (m)	LRT	[ɛl ar ti]
estação (f)	stesen	[stesen]
ir de metrô	naik LRT	[naik ɛl ar ti]
trem (m)	kereta api, tren	[kreta api], [tren]
estação (f) de trem	stesen kereta api	[stesen kreta api]

78. Turismo

monumento (m)	tugu	[tugu]
fortaleza (f)	kubu	[kubu]
palácio (m)	istana	[istana]
castelo (m)	istana kota	[istana kota]
torre (f)	menara	[mɛnara]
mausoléu (m)	mausoleum	[mausoleum]

arquitetura (f)	seni bina	[sɛni bina]
medieval (adj)	abad pertengahan	[abad pɛrtɛɳahan]
antigo (adj)	kuno	[kuno]
nacional (adj)	nasional	[nasional]
famoso, conhecido (adj)	terkenal	[tɛrkɛnal]
turista (m)	pelancong	[pɛlantʃoŋ]
guia (pessoa)	pemandu	[pɛmandu]

excursão (f)	darmawisata	[darmavisata]
mostrar (vt)	menunjukkan	[mɛnundʒukkan]
contar (vt)	menceritakan	[mɛntʃɛritakan]
encontrar (vt)	mendapati	[mɛndapati]
perder-se (vr)	kehilangan	[kɛhilaŋan]
mapa (~ do metrô)	peta	[pɛta]
mapa (~ da cidade)	pelan	[plan]
lembrança (f), presente (m)	cenderamata	[tʃɛndramata]
loja (f) de presentes	kedai cenderamata	[kedaj tʃɛndramata]
tirar fotos, fotografar	mengambil gambar	[mɛŋambil gambar]
fotografar-se (vr)	bergambar	[bɛrgambar]

79. Compras

comprar (vt)	membeli	[mɛmbli]
compra (f)	belian	[blian]
fazer compras	membeli-belah	[mɛmbli blah]
compras (f pl)	berbelanja	[bɛrblandʒa]
estar aberta (loja)	buka	[buka]
estar fechada	tutup	[tutup]
calçado (m)	kasut	[kasut]
roupa (f)	pakaian	[pakajan]
cosméticos (m pl)	alat solek	[alat solek]
alimentos (m pl)	bahan makanan	[bahan makanan]
presente (m)	hadiah	[hadiah]
vendedor (m)	penjual	[pɛndʒual]
vendedora (f)	jurujual perempuan	[dʒurudʒual pɛrɛmpuan]
caixa (f)	tempat juruwang	[tɛmpat dʒuruvaŋ]
espelho (m)	cermin	[tʃɛrmin]
balcão (m)	kaunter	[kaunter]
provador (m)	bilik acu	[bilik atʃu]
provar (vt)	mencuba	[mɛntʃuba]
servir (roupa, caber)	sesuai	[sɛsuaj]
gostar (apreciar)	suka	[suka]
preço (m)	harga	[harga]
etiqueta (f) de preço	tanda harga	[tanda harga]
custar (vt)	berharga	[bɛrharga]
Quanto?	Berapa?	[brapa]
desconto (m)	potongan	[potoŋan]
não caro (adj)	tidak mahal	[tidak mahal]
barato (adj)	murah	[murah]
caro (adj)	mahal	[mahal]
É caro	Ini mahal	[ini mahal]
aluguel (m)	sewaan	[sevaan]
alugar (roupas, etc.)	menyewa	[mɛnjeva]

| crédito (m) | pinjaman | [pindʒaman] |
| a crédito | dengan pinjaman sewa beli | [dɛŋan pindʒaman seva eli] |

80. Dinheiro

dinheiro (m)	wang	[vaŋ]
câmbio (m)	pertukaran	[pɛrtukaran]
taxa (f) de câmbio	kadar pertukaran	[kadar pɛrtukaran]
caixa (m) eletrônico	ATM	[ɛj ti ɛm]
moeda (f)	syiling	[ʃiliŋ]

| dólar (m) | dolar | [dolar] |
| euro (m) | euro | [euro] |

lira (f)	lire Itali	[lirɛ itali]
marco (m)	Deutsche Mark	[dojtʃe mark]
franco (m)	franc	[fraŋk]
libra (f) esterlina	paun	[paun]
iene (m)	yen	[jen]

dívida (f)	hutang	[hutaŋ]
devedor (m)	si berhutang	[si bɛrhutaŋ]
emprestar (vt)	meminjamkan	[mɛmindʒamkan]
pedir emprestado	meminjam	[mɛmindʒam]

banco (m)	bank	[baŋk]
conta (f)	akaun	[akaun]
depositar (vt)	memasukkan	[mɛmasukkan]
depositar na conta	memasukkan ke dalam akaun	[mɛmasukkan ke dalam akaun]

| sacar (vt) | mengeluarkan wang | [mɛŋɛluarkan vaŋ] |

cartão (m) de crédito	kad kredit	[kad kredit]
dinheiro (m) vivo	wang tunai	[vaŋ tunaj]
cheque (m)	cek	[tʃek]
passar um cheque	menulis cek	[mɛnulis tʃek]
talão (m) de cheques	buku cek	[buku tʃek]

carteira (f)	beg duit	[beg duit]
niqueleira (f)	dompet	[dompet]
cofre (m)	peti besi	[pɛti bɛsi]

herdeiro (m)	pewaris	[pɛvaris]
herança (f)	warisan	[varisan]
fortuna (riqueza)	kekayaan	[kɛkajaan]

arrendamento (m)	sewa	[seva]
aluguel (pagar o ~)	sewa rumah	[seva rumah]
alugar (vt)	menyewa	[mɛnjeva]

preço (m)	harga	[harga]
custo (m)	kos	[kos]
soma (f)	jumlah	[dʒumlah]
gastar (vt)	menghabiskan	[mɛŋɣabiskan]

gastos (m pl)	belanja	[blandʒa]
economizar (vi)	menjimatkan	[mɛndʒimatkan]
econômico (adj)	cermat	[tʃɛrmat]

pagar (vt)	membayar	[mɛmbajar]
pagamento (m)	pembayaran	[pɛmbajaran]
troco (m)	sisa wang	[sisa vaŋ]

imposto (m)	cukai	[tʃukaj]
multa (f)	denda	[dɛnda]
multar (vt)	mendenda	[mɛndɛnda]

81. Correios. Serviço postal

agência (f) dos correios	pejabat pos	[pɛdʒabat pos]
correio (m)	mel	[mel]
carteiro (m)	posmen	[posmen]
horário (m)	waktu pejabat	[vaktu pɛdʒabat]

carta (f)	surat	[surat]
carta (f) registada	surat berdaftar	[surat bɛrdaftar]
cartão (m) postal	poskad	[poskad]
telegrama (m)	telegram	[telegram]
encomenda (f)	kiriman pos	[kiriman pos]
transferência (f) de dinheiro	kiriman wang	[kiriman vaŋ]

receber (vt)	menerima	[mɛnɛrima]
enviar (vt)	mengirim	[mɛŋirim]
envio (m)	pengiriman	[pɛŋiriman]

endereço (m)	alamat	[alamat]
código (m) postal	poskod	[poskod]
remetente (m)	pengirim	[pɛŋirim]
destinatário (m)	penerima	[pɛnɛrima]

nome (m)	nama	[nama]
sobrenome (m)	nama keluarga	[nama kɛluarga]

tarifa (f)	tarif	[tarif]
ordinário (adj)	biasa, lazim	[biasa], [lazim]
econômico (adj)	ekonomik	[ekonomik]

peso (m)	berat	[brat]
pesar (estabelecer o peso)	menimbang	[mɛnimbaŋ]
envelope (m)	sampul surat	[sampul surat]
selo (m) postal	setem	[sɛtem]
colar o selo	melekatkan setem	[mɛlɛkatkan ɛetem]

Moradia. Casa. Lar

82. Casa. Habitação

casa (f)	rumah	[rumah]
em casa	di rumah	[di rumah]
pátio (m), quintal (f)	halaman	[halaman]
cerca, grade (f)	jeriji pagar	[dʒɛrıdʒi pagar]
tijolo (m)	batu bata	[batu bata]
de tijolos	batu bata	[batu bata]
pedra (f)	batu	[batu]
de pedra	batu	[batu]
concreto (m)	konkrit	[koŋkrit]
concreto (adj)	konkrit	[koŋkrit]
novo (adj)	baru	[baru]
velho (adj)	tua	[tua]
decrépito (adj)	usang, uzur	[usaŋ], [uzur]
moderno (adj)	moden	[modɛn]
de vários andares	bertingkat	[bɛrtiŋkat]
alto (adj)	tinggi	[tiŋgi]
andar (m)	tingkat	[tiŋkat]
de um andar	satu tingkat	[satu tiŋkat]
térreo (m)	lantai bawah	[lantaj bavah]
andar (m) de cima	lantai atas	[lantaj atas]
telhado (m)	bumbung	[bumbuŋ]
chaminé (f)	cerobong	[ʧɛroboŋ]
telha (f)	genting	[gɛntiŋ]
de telha	genting	[gɛntiŋ]
sótão (m)	loteng	[loteŋ]
janela (f)	tingkap	[tiŋkap]
vidro (m)	kaca	[katʃa]
parapeito (m)	ambang tingkap	[ambaŋ tiŋkap]
persianas (f pl)	daun tingkap	[daun tiŋkap]
parede (f)	dinding	[dindiŋ]
varanda (f)	langkan	[laŋkan]
calha (f)	paip salir	[pajp salir]
em cima	di atas	[di atas]
subir (vi)	naik	[naik]
descer (vi)	turun	[turun]
mudar-se (vr)	berpindah	[bɛrpindah]

83. Casa. Entrada. Elevador

entrada (f)	pintu masuk	[pintu masuk]
escada (f)	tangga	[taŋga]
degraus (m pl)	anak tangga	[anak taŋga]
corrimão (m)	selusur tangan	[sɛlusur taŋan]
hall (m) de entrada	ruang legar	[ruaŋ legar]
caixa (f) de correio	peti surat	[pɛti surat]
lata (f) do lixo	tong sampah	[toŋ sampah]
calha (f) de lixo	pelongsor sampah	[pɛloŋsor sampah]
elevador (m)	lif	[lif]
elevador (m) de carga	lif muatan	[lif muatan]
cabine (f)	gerabak lif	[gɛrabak lif]
pegar o elevador	naik lif	[naik lif]
apartamento (m)	pangsapuri	[paŋsapuri]
residentes (pl)	penghuni	[pɛŋɣuni]
vizinho (m)	jiran lelaki	[dʒiran lɛlaki]
vizinha (f)	jiran perempuan	[dʒiran pɛrɛmpuan]
vizinhos (pl)	jiran	[dʒiran]

84. Casa. Portas. Fechaduras

porta (f)	pintu	[pintu]
portão (m)	pintu gerbang	[pintu gɛrbaŋ]
maçaneta (f)	tangkai	[taŋkaj]
destrancar (vt)	membuka kunci	[mɛmbuka kunʧi]
abrir (vt)	membuka	[mɛmbuka]
fechar (vt)	menutup	[mɛnutup]
chave (f)	kunci	[kunʧi]
molho (m)	sejambak	[sɛdʒambak]
ranger (vi)	berkerik	[bɛrɛerik]
rangido (m)	bunyi kerik	[bunji kɛrik]
dobradiça (f)	engsel	[eŋsel]
capacho (m)	ambal	[ambal]
fechadura (f)	kunci pintu	[kunʧi pintu]
buraco (m) da fechadura	lubang kunci	[lubaŋ kunʧi]
barra (f)	selak pintu	[sɛlak pintu]
fecho (ferrolho pequeno)	selak pintu	[sɛlak pintu]
cadeado (m)	mangga	[maŋga]
tocar (vt)	membunyikan	[mɛmbunjikan]
toque (m)	bunyi loceng	[bunji loʧeŋ]
campainha (f)	loceng	[loʧeŋ]
botão (m)	tombol	[tombol]
batida (f)	ketukan	[kɛtukan]
bater (vi)	mengetuk	[mɛŋɛtuk]
código (m)	kod	[kod]
fechadura (f) de código	kunci kod	[kunʧi kod]

interfone (m)	interkom	[intɛrkom]
número (m)	nombor	[nombor]
placa (f) de porta	papan tanda	[papan tanda]
olho (m) mágico	lubang intai	[lubaŋ intaj]

85. Casa de campo

| aldeia (f) | kampung | [kampuŋ] |
| horta (f) | kebun sayur | [kɛbun sajur] |

cerca (f)	pagar	[pagar]
cerca (f) de piquete	pagar	[pagar]
portão (f) do jardim	pintu pagar	[pintu pagar]

celeiro (m)	rengkiang	[rɛŋkiaŋ]
adega (f)	bilik stor bawah tanah	[bilik stor bavah tanah]
galpão, barracão (m)	bangsal	[baŋsal]
poço (m)	perigi	[pɛrigi]

| fogão (m) | dapur | [dapur] |
| atiçar o fogo | membakar dapur | [mɛmbakar dapur] |

| lenha (carvão ou ~) | kayu bakar | [kaju bakar] |
| acha, lenha (f) | kayu api | [kaju api] |

varanda (f)	serambi	[sɛrambi]
alpendre (m)	serambi	[sɛrambi]
degraus (m pl) de entrada	anjung depan	[andʒuŋ dɛpan]
balanço (m)	buyaian	[buajan]

86. Castelo. Palácio

castelo (m)	istana kota	[istana kota]
palácio (m)	istana	[istana]
fortaleza (f)	kubu	[kubu]

muralha (f)	tembok	[tembok]
torre (f)	menara	[mɛnara]
calabouço (m)	menara utama	[mɛnara utama]

grade (f) levadiça	gril pintu kota	[gril pintu kota]
passagem (f) subterrânea	laluan bawah tanah	[laluan bavah tanah]
fosso (m)	parit	[parit]

| corrente, cadeia (f) | rantai | [rantaj] |
| seteira (f) | lubang untuk memanah | [lubaŋ untuk mɛmanah] |

| magnífico (adj) | cemerlang | [tʃɛmɛrlaŋ] |
| majestoso (adj) | hebat dan agung | [hebat dan aguŋ] |

| inexpugnável (adj) | tidak boleh dicapai | [tidak bole ditʃapaj] |
| medieval (adj) | abad pertengahan | [abad pɛrtɛŋahan] |

87. Apartamento

apartamento (m)	pangsapuri	[paŋsapuri]
quarto, cômodo (m)	bilik	[bilik]
quarto (m) de dormir	bilik tidur	[bilik tidur]
sala (f) de jantar	bilik makan	[bilik makan]
sala (f) de estar	ruang tamu	[ruaŋ tamu]
escritório (m)	bilik bacaan	[bilik batʃaan]
sala (f) de entrada	ruang depan	[ruaŋ dɛpan]
banheiro (m)	bilik mandi	[bilik mandi]
lavabo (m)	tandas	[tandas]
teto (m)	siling	[siliŋ]
chão, piso (m)	lantai	[lantaj]
canto (m)	sudut	[sudut]

88. Apartamento. Limpeza

arrumar, limpar (vt)	mengemaskan	[mɛŋɛmaskan]
guardar (no armário, etc.)	menyimpan	[mɛnjimpan]
pó (m)	habuk, debu	[habuk], [dɛbu]
empoeirado (adj)	berhabuk	[bɛrhabuk]
tirar o pó	mengesat debu	[mɛŋɛsat debu]
aspirador (m)	pembersih vakum	[pɛmbɛrsih vakum]
aspirar (vt)	memvakum	[mɛmvakum]
varrer (vt)	menyapu	[mɛnjapu]
sujeira (f)	sampah	[sampah]
arrumação, ordem (f)	keteraturan	[kɛteraturan]
desordem (f)	keadaan berselerak	[kɛadaan bɛrɛelerak]
esfregão (m)	mop lantai	[mop lantaj]
pano (m), trapo (m)	lap	[lap]
vassoura (f)	penyapu	[pɛnjapu]
pá (f) de lixo	penadah sampah	[pɛnadah sampah]

89. Mobiliário. Interior

mobiliário (m)	perabot	[pɛrabot]
mesa (f)	meja	[medʒa]
cadeira (f)	kerusi	[krusi]
cama (f)	katil	[katil]
sofá, divã (m)	sofa	[sofa]
poltrona (f)	kerusi tangan	[krusi taŋan]
estante (f)	almari buku	[almari buku]
prateleira (f)	rak	[rak]
guarda-roupas (m)	almari	[almari]
cabide (m) de parede	tempat sangkut baju	[tɛmpat saŋkut badʒu]

cabideiro (m) de pé	penyangkut kot	[pɛnjaŋkut kot]
cômoda (f)	almari laci	[almari laʧi]
mesinha (f) de centro	meja tamu	[medʒa tamu]
espelho (m)	cermin	[ʧɛrmin]
tapete (m)	permaidani	[pɛrmajdani]
tapete (m) pequeno	ambal	[ambal]
lareira (f)	perapian	[pɛrapian]
vela (f)	linlin	[linlin]
castiçal (m)	kaki dian	[kaki dian]
cortinas (f pl)	langsir	[laŋsir]
papel (m) de parede	kertas dinding	[kɛrtas dindiŋ]
persianas (f pl)	kerai	[kraj]
luminária (f) de mesa	lampu meja	[lampu medʒa]
luminária (f) de parede	lampu dinding	[lampu dindiŋ]
abajur (m) de pé	lampu lantai	[lampu lantaj]
lustre (m)	candelier	[ʧandelir]
pé (de mesa, etc.)	kaki	[kaki]
braço, descanso (m)	lengan	[lɛŋan]
costas (f pl)	sandaran	[sandaran]
gaveta (f)	laci	[laʧi]

90. Quarto de dormir

roupa (f) de cama	linen	[linen]
travesseiro (m)	bantal	[bantal]
fronha (f)	sarung bantal	[saruŋ bantal]
cobertor (m)	selimut	[sɛlimut]
lençol (m)	kain cadar	[kain ʧadar]
colcha (f)	tutup tilam bantal	[tutup tilam bantal]

91. Cozinha

cozinha (f)	dapur	[dapur]
gás (m)	gas	[gas]
fogão (m) a gás	dapur gas	[dapur gas]
fogão (m) elétrico	dapur elektrik	[dapur elektrik]
forno (m)	oven	[oven]
forno (m) de micro-ondas	dapur gelombang mikro	[dapur gɛlombaŋ mikro]
geladeira (f)	peti sejuk	[pɛti sɛdʒuk]
congelador (m)	petak sejuk beku	[petak sɛdʒuk bɛku]
máquina (f) de lavar louça	mesin basuh pinggan mangkuk	[mesin basuh piŋgan maŋkuk]
moedor (m) de carne	pengisar daging	[pɛŋisar dagiŋ]
espremedor (m)	pemerah jus	[pɛmɛrah dʒus]
torradeira (f)	pembakar roti	[pɛmbakar roti]

batedeira (f)	pengadun	[pɛŋadun]
máquina (f) de café	pembuat kopi	[pɛmbuat kopi]
cafeteira (f)	kole kopi	[kole kopi]
moedor (m) de café	pengisar kopi	[pɛŋisar kopi]

chaleira (f)	cerek	[tʃerek]
bule (m)	poci	[potʃi]
tampa (f)	tutup	[tutup]
coador (m) de chá	penapis the	[pɛnapis teh]

colher (f)	sudu	[sudu]
colher (f) de chá	sudu teh	[sudu teh]
colher (f) de sopa	sudu makan	[sudu makan]
garfo (m)	garpu	[garpu]
faca (f)	pisau	[pisau]

louça (f)	pinggan mangkuk	[piŋgan maŋkuk]
prato (m)	pinggan	[piŋgan]
pires (m)	alas cawan	[alas tʃavan]

cálice (m)	gelas wain kecil	[glas vajn ketʃil]
copo (m)	gelas	[glas]
xícara (f)	cawan	[tʃavan]

açucareiro (m)	tempat gula	[tɛmpat gula]
saleiro (m)	tempat garam	[tɛmpat garam]
pimenteiro (m)	tempat lada	[tɛmpat lada]
manteigueira (f)	tempat mentega	[tɛmpat mɛntega]

panela (f)	periuk	[priuk]
frigideira (f)	kuali	[kuali]
concha (f)	sendok	[sendok]
coador (m)	alat peniris	[alat pɛniris]
bandeja (f)	dulang	[dulaŋ]

garrafa (f)	botol	[botol]
pote (m) de vidro	balang	[balaŋ]
lata (~ de cerveja)	tin	[tin]

abridor (m) de garrafa	pembuka botol	[pɛmbuka botol]
abridor (m) de latas	pembuka tin	[pɛmbuka tin]
saca-rolhas (m)	skru gabus	[skru gabus]
filtro (m)	penapis	[pɛnapis]
filtrar (vt)	menapis	[mɛnapis]

| lixo (m) | sampah | [sampah] |
| lixeira (f) | baldi sampah | [baldi sampah] |

92. Casa de banho

banheiro (m)	bilik mandi	[bilik mandi]
água (f)	air	[air]
torneira (f)	pili	[pili]
água (f) quente	air panas	[air panas]

água (f) fria	air sejuk	[air sɛdʒuk]
pasta (f) de dente	ubat gigi	[ubat gigi]
escovar os dentes	memberus gigi	[mɛmbɛrus gigi]
escova (f) de dente	berus gigi	[bɛrus gigi]

barbear-se (vr)	bercukur	[bɛrtʃukur]
espuma (f) de barbear	buih cukur	[buih tʃukur]
gilete (f)	pisau cukur	[pisau tʃukur]

lavar (vt)	mencuci	[mɛntʃutʃi]
tomar banho	mandi	[mandi]
chuveiro (m), ducha (f)	pancuran mandi	[pantʃuran mandi]
tomar uma ducha	mandi di bawah	[mandi di bavah
	pancuran air	pantʃuran air]

banheira (f)	tab mandi	[tab mandi]
vaso (m) sanitário	mangkuk tandas	[maŋkuk tandas]
pia (f)	sink cuci tangan	[siŋk tʃutʃi taŋan]

sabonete (m)	sabun	[sabun]
saboneteira (f)	tempat sabun	[tɛmpat sabun]

esponja (f)	span	[span]
xampu (m)	syampu	[ʃampu]
toalha (f)	tuala	[tuala]
roupão (m) de banho	jubah mandi	[dʒubah mandi]

lavagem (f)	pembasuhan	[pɛmbasuhan]
lavadora (f) de roupas	mesin pembasuh	[mesin pɛmbasuh]
lavar a roupa	membasuh	[mɛmbasuh]
detergente (m)	serbuk pencuci	[serbuk pɛntʃutʃi]

93. Eletrodomésticos

televisor (m)	peti televisyen	[pɛti televiʃɛn]
gravador (m)	perakam	[pɛrakam]
videogravador (m)	perakam video	[pɛrakam video]
rádio (m)	pesawat radio	[pɛsavat radio]
leitor (m)	pemain	[pɛmajn]

projetor (m)	penayang video	[pɛnajaŋ video]
cinema (m) em casa	pawagam rumah	[pavagam rumah]
DVD Player (m)	pemain DVD	[pɛmajn di vi di]
amplificador (m)	penguat	[pɛŋwat]
console (f) de jogos	konsol permainan video	[konsol pɛrmajnan video]

câmera (f) de vídeo	kamera video	[kamera video]
máquina (f) fotográfica	kamera foto	[kamera foto]
câmera (f) digital	kamera digital	[kamera digital]

aspirador (m)	pembersih vakum	[pɛmbɛrsih vakum]
ferro (m) de passar	seterika	[sɛtɛrika]
tábua (f) de passar	papan seterika	[papan sɛtɛrika]
telefone (m)	telefon	[telefon]

celular (m)	telefon bimbit	[telefon bimbit]
máquina (f) de escrever	mesin taip	[mesin tajp]
máquina (f) de costura	mesin jahit	[mesin ʤahit]

microfone (m)	mikrofon	[mikrofon]
fone (m) de ouvido	pendengar telinga	[pɛndɛŋar tɛliŋa]
controle remoto (m)	alat kawalan jauh	[alat kavalan ʤauh]

CD (m)	cakera padat	[ʧakra padat]
fita (f) cassete	kaset	[kaset]
disco (m) de vinil	piring hitam	[piriŋ hitam]

94. Reparações. Renovação

renovação (f)	pembaikan	[pɛmbaikan]
renovar (vt), fazer obras	membuat renovasi	[mɛmbuat renovasi]
reparar (vt)	membaiki	[mɛmbaiki]
consertar (vt)	membereskan	[mɛmbereskan]
refazer (vt)	membuat semula	[mɛmbuat sɛmula]

tinta (f)	cat	[ʧat]
pintar (vt)	mencat	[mɛnʧat]
pintor (m)	tukang cat	[tukaŋ ʧat]
pincel (m)	berus	[bɛrus]

cal (f)	cat kapur	[ʧat kapur]
caiar (vt)	mengapur	[mɛŋapur]

papel (m) de parede	kertas dinding	[kɛrtas dindiŋ]
colocar papel de parede	menampal kertas dinding	[mɛnampal kɛrtas dindiŋ]
verniz (m)	varnis	[varnis]
envernizar (vt)	memvarnis	[memvarnis]

95. Canalizações

água (f)	air	[air]
água (f) quente	air panas	[air panas]
água (f) fria	air sejuk	[air sɛʤuk]
torneira (f)	pili	[pili]

gota (f)	titisan	[titisan]
gotejar (vi)	menitis	[mɛnitis]
vazar (vt)	bocor	[boʧor]
vazamento (m)	bocor	[boʧor]
poça (f)	lopak	[lopak]

tubo (m)	paip	[pajp]
válvula (f)	injap	[inʤap]
entupir-se (vr)	tersumbat	[tɛrsumbat]

ferramentas (f pl)	alat-alat	[alat alat]
chave (f) inglesa	perengkuh	[pɛrɛŋkuh]

desenroscar (vt)	memutar-buka	[mɛmutar buka]
enroscar (vt)	mengetatkan	[mɛŋɛtatkan]

desentupir (vt)	membersihkan	[mɛmbɛrsihkan]
encanador (m)	tukang paip	[tukaŋ pajp]
porão (m)	tingkat bawah tanah	[tiŋkat bavah tanah]
rede (f) de esgotos	saluran pembetungan	[saluran pɛmbetuŋan]

96. Fogo. Deflagração

incêndio (m)	api	[api]
chama (f)	nyala	[njala]
faísca (f)	bunga api	[buŋa api]
fumaça (f)	asap	[asap]
tocha (f)	obor	[obor]
fogueira (f)	unggun api	[uŋgun api]

gasolina (f)	minyak	[minjak]
querosene (m)	minyak tanah	[minjak tanah]
inflamável (adj)	mudah terbakar	[mudah tɛrbakar]
explosivo (adj)	mudah meletup	[mudah mɛlɛtup]
PROIBIDO FUMAR!	DILARANG MEROKOK!	[dilaraŋ mɛrokok]

segurança (f)	keselamatan	[kɛsɛlamatan]
perigo (m)	bahaya	[bahaja]
perigoso (adj)	berbahaya	[bɛrbahaja]

incendiar-se (vr)	mula bernyala	[mula bɛrnjala]
explosão (f)	letupan	[lɛtupan]
incendiar (vt)	membakar	[mɛmbakar]
incendiário (m)	pelaku kebakaran	[pɛlaku kɛbakaran]
incêndio (m) criminoso	pembakaran	[pɛmbakaran]

flamejar (vi)	bernyala	[bɛrnjala]
queimar (vi)	terbakar	[tɛrbakar]
queimar tudo (vi)	terbakar	[tɛrbakar]

chamar os bombeiros	memanggil pasukan bomba	[mɛmaŋgil pasukan bomba]
bombeiro (m)	anggota bomba	[aŋgota bomba]
caminhão (m) de bombeiros	kereta bomba	[kreta bomba]
corpo (m) de bombeiros	pasukan bomba	[pasukan bomba]
escada (f) extensível	tangga jenjang	[taŋga dʒɛndʒaŋ]

mangueira (f)	hos	[hos]
extintor (m)	pemadam api	[pɛmadam api]
capacete (m)	topi besi	[topi bɛsi]
sirene (f)	siren	[sirɛn]

gritar (vi)	berteriak	[bɛrtɛriak]
chamar por socorro	memanggil	[mɛmaŋgil]
socorrista (m)	penyelamat	[pɛnjelamat]
salvar, resgatar (vt)	menyelamatkan	[mɛnjelamatkan]
chegar (vi)	datang	[dataŋ]
apagar (vt)	memadamkan	[mɛmadamkan]

água (f)	air	[air]
areia (f)	pasir	[pasir]
ruínas (f pl)	puing	[puiŋ]
ruir (vi)	runtuh	[runtuh]
desmoronar (vi)	jatuh	[dʒatuh]
desabar (vi)	roboh	[roboh]
fragmento (m)	serpihan	[sɛrpihan]
cinza (f)	abu	[abu]
sufocar (vi)	mati lemas	[mati lɛmas]
perecer (vi)	terbunuh, mati	[tɛrbunuh], [mati]

ATIVIDADES HUMANAS

Emprego. Negócios. Parte 1

97. Banca

banco (m)	bank	[baŋk]
balcão (f)	cawangan	[ʧavaŋan]
consultor (m) bancário	perunding	[pɛrundiŋ]
gerente (m)	pengurus	[pɛŋurus]
conta (f)	akaun	[akaun]
número (m) da conta	nombor akaun	[nombor akaun]
conta (f) corrente	akaun semasa	[akaun sɛmasa]
conta (f) poupança	akaun simpanan	[akaun simpanan]
abrir uma conta	membuka akaun	[mɛmbuka akaun]
fechar uma conta	menutup akaun	[mɛnutup akaun]
depositar na conta	memasukkan wang ke dalam akaun	[mɛmasukkan vaŋ kɛ dalam akaun]
sacar (vt)	mengeluarkan wang	[mɛŋɛluarkan vaŋ]
depósito (m)	simpanan wang	[simpanan vaŋ]
fazer um depósito	memasukkan wang	[mɛmasukkan vaŋ]
transferência (f) bancária	transfer	[transfer]
transferir (vt)	mengirim duit	[mɛŋirim duit]
soma (f)	jumlah	[dʒumlah]
Quanto?	Berapa?	[brapa]
assinatura (f)	tanda tangan	[tanda taŋan]
assinar (vt)	menandatangani	[mɛnandataŋani]
cartão (m) de crédito	kad kredit	[kad kredit]
senha (f)	kod	[kod]
número (m) do cartão de crédito	nombor kad kredit	[nombor kad kredit]
caixa (m) eletrônico	ATM	[ɛj ti ɛm]
cheque (m)	cek	[ʧek]
passar um cheque	menulis cek	[mɛnulis ʧek]
talão (m) de cheques	buku cek	[buku ʧek]
empréstimo (m)	pinjaman	[pindʒaman]
pedir um empréstimo	meminta pinjaman	[mɛminta pindʒaman]
obter empréstimo	mengambil pinjaman	[mɛŋambil pindʒaman]
dar um empréstimo	memberi pinjaman	[mɛmbri pindʒaman]
garantia (f)	jaminan	[dʒaminan]

98. Telefone. Conversação telefônica

telefone (m)	telefon	[telefon]
celular (m)	telefon bimbit	[telefon bimbit]
secretária (f) eletrônica	mesin menjawab panggilan telefon	[mesin mɛnʤavab paŋgilan telefon]
fazer uma chamada	menelefon	[mɛnelefon]
chamada (f)	panggilan telefon	[paŋgilan telefon]
discar um número	mendail nombor	[mɛndajl nombor]
Alô!	Helo!	[helo]
perguntar (vt)	menyoal	[mɛnjoal]
responder (vt)	menjawab	[mɛnʤavab]
ouvir (vt)	mendengar	[mɛndɛŋar]
bem	baik	[baik]
mal	buruk	[buruk]
ruído (m)	bising	[bisiŋ]
fone (m)	gagang	[gagaŋ]
pegar o telefone	mengangkat gagang telefon	[mɛŋaŋkat gagaŋ telefon]
desligar (vi)	meletakkan gagang telefon	[mɛlɛtakkan gagaŋ telefon]
ocupado (adj)	sibuk	[sibuk]
tocar (vi)	berdering	[bɛrdɛriŋ]
lista (f) telefônica	buku panduan telefon	[buku panduan telefon]
local (adj)	tempatan	[tɛmpatan]
chamada (f) local	panggilan tempatan	[paŋgilan tɛmpatan]
de longa distância	antarabandar	[antarabandar]
chamada (f) de longa distância	panggilan antarabandar	[paŋgilan antarabandar]
internacional (adj)	antarabangsa	[antarabaŋsa]
chamada (f) internacional	panggilan antarabangsa	[paŋgilan antarabaŋsa]

99. Telefone móvel

celular (m)	telefon bimbit	[telefon bimbit]
tela (f)	peranti paparan	[pɛranti paparan]
botão (m)	tombol	[tombol]
cartão SIM (m)	Kad SIM	[kad sim]
bateria (f)	bateri	[batɛri]
descarregar-se (vr)	nyahcas	[njahʧas]
carregador (m)	pengecas	[pɛŋɛʧas]
menu (m)	menu	[menu]
configurações (f pl)	setting	[setiŋ]
melodia (f)	melodi nada dering	[melodi nada dɛriŋ]
escolher (vt)	memilih	[mɛmilih]
calculadora (f)	mesin hitung	[mesin hituŋ]

correio (m) de voz	mesin menjawab panggilan telefon	[mesin mɛndʒavab paŋgilan telefon]
despertador (m)	jam loceng	[dʒam loʧeŋ]
contatos (m pl)	buku panduan telefon	[buku panduan telefon]

mensagem (f) de texto	SMS, khidmat pesanan ringkas	[ɛs ɛm ɛs], [hidmat pɛsanan riŋkas]
assinante (m)	pelanggan	[pɛlaŋgan]

100. Estacionário

caneta (f)	pena mata bulat	[pɛna mata bulat]
caneta (f) tinteiro	pena tinta	[pɛna tinta]

lápis (m)	pensel	[pensel]
marcador (m) de texto	pen penyerlah	[pen pɛnjerlah]
caneta (f) hidrográfica	marker	[marker]

bloco (m) de notas	buku catatan	[buku ʧatatan]
agenda (f)	buku harian	[buku harian]

régua (f)	kayu pembaris	[kaju pɛmbaris]
calculadora (f)	mesin hitung	[mesin hituŋ]
borracha (f)	getah pemadam	[gɛtah pɛmadam]
alfinete (m)	paku tekan	[paku tɛkan]
clipe (m)	klip kertas	[klip kɛrtas]

cola (f)	perekat	[pɛrɛkat]
grampeador (m)	pengokot	[pɛŋokot]
furador (m) de papel	penebuk	[pɛnɛbuk]
apontador (m)	pengasah pensel	[pɛŋasah pensel]

Emprego. Negócios. Parte 2

101. Media

jornal (m)	akhbar	[ahbar]
revista (f)	majalah	[madʒalah]
imprensa (f)	akhbar	[ahbar]
rádio (m)	radio	[radio]
estação (f) de rádio	stesen radio	[stesen radio]
televisão (f)	televisyen	[televiʃɛn]
apresentador (m)	juruacara	[dʒuruatʃara]
locutor (m)	juruhebah	[dʒuruhebah]
comentarista (m)	pengulas	[pɛŋulas]
jornalista (m)	wartawan	[vartavan]
correspondente (m)	pemberita	[pɛmbrita]
repórter (m) fotográfico	wartawan foto	[vartavan foto]
repórter (m)	pemberita	[pɛmbrita]
redator (m)	editor	[editor]
redator-chefe (m)	ketua pengarang	[kɛtua pɛŋaraŋ]
assinar a ...	berlangganan	[bɛrlaŋganan]
assinatura (f)	langganan	[laŋganan]
assinante (m)	pelanggan	[pɛlaŋgan]
ler (vt)	membaca	[mɛmbatʃa]
leitor (m)	pembaca	[pɛmbatʃa]
tiragem (f)	edaran	[edaran]
mensal (adj)	bulanan	[bulanan]
semanal (adj)	mingguan	[miŋguan]
número (jornal, revista)	keluaran	[kɛluaran]
recente, novo (adj)	baru	[baru]
manchete (f)	tajuk	[tadʒuk]
pequeno artigo (m)	rencana kecil	[rɛntʃana kɛtʃil]
coluna (~ semanal)	ruang	[ruaŋ]
artigo (m)	rencana	[rɛntʃana]
página (f)	halaman	[halaman]
reportagem (f)	ulasan selari	[ulasan sɛlari]
evento (festa, etc.)	peristiwa	[pɛristiva]
sensação (f)	sensasi	[sensasi]
escândalo (m)	skandal	[skandal]
escandaloso (adj)	penuh skandal	[pɛnuh skandal]
grande (adj)	hebat	[hebat]
programa (m)	siaran	[siaran]
entrevista (f)	temu duga	[tɛmu duga]

| transmissão (f) ao vivo | siaran langsung | [siaran laŋsuŋ] |
| canal (m) | saluran | [saluran] |

102. Agricultura

agricultura (f)	pertanian	[pɛrtanian]
camponês (m)	petani	[pɛtani]
camponesa (f)	perempuan petani	[pɛrɛmpuan pɛtani]
agricultor, fazendeiro (m)	peladang	[pɛladaŋ]

| trator (m) | jentarik | [dʒɛntarik] |
| colheitadeira (f) | penuai lengkap | [pɛnuaj lɛŋkap] |

arado (m)	tenggala	[tɛŋgala]
arar (vt)	menenggala	[mɛnɛŋgala]
campo (m) lavrado	tanah tenggala	[tanah tɛŋgala]
sulco (m)	alur	[alur]

semear (vt)	menyemai	[mɛnjemaj]
plantadeira (f)	mesin penyemai	[mesin pɛnjemaj]
semeadura (f)	penyemaian	[pɛnjemajan]

| foice (m) | sabit besar | [sabit bɛsar] |
| cortar com foice | menyabit | [mɛnjabit] |

| pá (f) | penyodok | [pɛnjodok] |
| cavar (vt) | menggali | [mɛŋgali] |

enxada (f)	cangkul	[tʃaŋkul]
capinar (vt)	menajak	[mɛnadʒak]
erva (f) daninha	rumpai	[rumpaj]

regador (m)	cerek penyiram	[tʃerek pɛnjiram]
regar (plantas)	menyiram	[mɛnjiram]
rega (f)	penyiraman	[pɛnjiraman]

| forquilha (f) | serampang peladang | [sɛrampaŋ pɛladaŋ] |
| ancinho (m) | pencakar | [pɛntʃakar] |

fertilizante (m)	baja	[badʒa]
fertilizar (vt)	membaja	[mɛmbadʒa]
estrume, esterco (m)	baja kandang	[badʒa kandaŋ]

campo (m)	ladang	[ladaŋ]
prado (m)	padang rumput	[padaŋ rumput]
horta (f)	kebun sayur	[kɛbun sajur]
pomar (m)	dusun	[dusun]

pastar (vt)	menggembala	[mɛŋgɛmbala]
pastor (m)	penggembala	[pɛŋgɛmbala]
pastagem (f)	padang rumput ternak	[padaŋ rumput tɛrnak]
pecuária (f)	penternakan	[pɛntɛrnakan]
criação (f) de ovelhas	penternakan kambing biri-biri	[pɛntɛrnakan kambiŋ biri biri]

plantação (f)	perladangan	[pɛrladaŋan]
canteiro (m)	batas	[batas]
estufa (f)	rumah hijau	[rumah hidʒau]

| seca (f) | kemarau | [kɛmarau] |
| seco (verão ~) | kontang | [kontaŋ] |

grão (m)	padi-padian	[padi padian]
cereais (m pl)	padi-padian	[padi padian]
colher (vt)	menuai	[mɛnuaj]

moleiro (m)	pemilik kincir	[pɛmilik kintʃir]
moinho (m)	kincir	[kintʃir]
moer (vt)	mengisar	[mɛŋisar]
farinha (f)	tepung	[tɛpuŋ]
palha (f)	jerami	[dʒɛrami]

103. Construção. Processo de construção

canteiro (m) de obras	tapak pembinaan	[tapak pɛmbinaan]
construir (vt)	membina	[mɛmbina]
construtor (m)	buruh binaan	[buruh binaan]

projeto (m)	reka bentuk	[reka bɛntuk]
arquiteto (m)	jurubina	[dʒurubina]
operário (m)	buruh, pekerja	[buruh], [pɛkɛrdʒa]

fundação (f)	asas, dasar	[asas], [dasar]
telhado (m)	bumbung	[bumbuŋ]
estaca (f)	cerucuk	[tʃɛrutʃuk]
parede (f)	dinding	[dindiŋ]

| colunas (f pl) de sustentação | bar penguat | [bar pɛŋwat] |
| andaime (m) | perancah | [pɛrantʃah] |

concreto (m)	konkrit	[koŋkrit]
granito (m)	granit	[granit]
pedra (f)	batu	[batu]
tijolo (m)	batu bata	[batu bata]

areia (f)	pasir	[pasir]
cimento (m)	simen	[simen]
emboço, reboco (m)	turap	[turap]
emboçar, rebocar (vt)	menurap	[mɛnurap]
tinta (f)	cat	[tʃat]
pintar (vt)	mencat	[mɛntʃat]
barril (m)	tong	[toŋ]

grua (f), guindaste (m)	kran	[kran]
erguer (vt)	menaikkan	[mɛnaikkan]
baixar (vt)	menurunkan	[mɛnuruŋkan]

| buldózer (m) | jentolak | [dʒɛntolak] |
| escavadora (f) | jenkaut | [dʒɛŋkaut] |

caçamba (f)	pencedok	[pɛntʃedok]
escavar (vt)	menggali	[mɛŋgali]
capacete (m) de proteção	topi besi	[topi bɛsi]

Profissões e ocupações

104. Procura de emprego. Demissão

trabalho (m)	kerja, pekerjaan	[kɛrdʒa], [pɛkɛrdʒaan]
equipe (f)	kakitangan	[kakitaŋan]
carreira (f)	kerjaya	[kɛrdʒaja]
perspectivas (f pl)	perspektif	[pɛrspektif]
habilidades (f pl)	kemahiran	[kɛmahiran]
seleção (f)	pilihan	[pilihan]
agência (f) de emprego	agensi pekerjaan	[agensi pɛkɛrdʒaan]
currículo (m)	biodata	[biodata]
entrevista (f) de emprego	temuduga	[tɛmuduga]
vaga (f)	lowongan	[lovoŋan]
salário (m)	gaji, upah	[gadʒi], [upah]
salário (m) fixo	gaji	[gadʒi]
pagamento (m)	pembayaran	[pɛmbajaran]
cargo (m)	jawatan	[dʒavatan]
dever (do empregado)	tugas	[tugas]
gama (f) de deveres	bidang tugas	[bidaŋ tugas]
ocupado (adj)	sibuk	[sibuk]
despedir, demitir (vt)	memecat	[mɛmɛtʃat]
demissão (f)	pemecatan	[pɛmɛtʃatan]
desemprego (m)	pengangguran	[pɛŋaŋguran]
desempregado (m)	pengganggur	[pɛŋgaŋgur]
aposentadoria (f)	pencen	[pentʃen]
aposentar-se (vr)	bersara	[bɛrsara]

105. Gente de negócios

diretor (m)	pengarah	[pɛŋarah]
gerente (m)	pengurus	[pɛŋurus]
patrão, chefe (m)	bos	[bos]
superior (m)	kepala	[kɛpala]
superiores (m pl)	pihak atasan	[pihak atasan]
presidente (m)	presiden	[presiden]
chairman (m)	pengerusi	[pɛŋɛrusi]
substituto (m)	timbalan	[timbalan]
assistente (m)	pembantu	[pɛmbantu]
secretário (m)	setiausaha	[sɛtiausaha]

secretário (m) pessoal	setiausaha sulit	[sɛtiausaha sulit]
homem (m) de negócios	peniaga	[pɛniaga]
empreendedor (m)	pengusaha	[pɛŋusaha]
fundador (m)	pengasas	[pɛŋasas]
fundar (vt)	mengasaskan	[mɛŋasaskan]
principiador (m)	pengasas	[pɛŋasas]
parceiro, sócio (m)	rakan	[rakan]
acionista (m)	pemegang saham	[pɛmɛgaŋ saham]
milionário (m)	jutawan	[dʒutavan]
bilionário (m)	multijutawan	[multidʒutavan]
proprietário (m)	pemilik	[pɛmilik]
proprietário (m) de terras	tuan tanah	[tuan tanah]
cliente (m)	pelanggan	[pɛlaŋgan]
cliente (m) habitual	pelanggan tetap	[pɛlaŋgan tetap]
comprador (m)	pembeli	[pɛmbli]
visitante (m)	pelawat	[pɛlavat]
profissional (m)	profesional	[profesional]
perito (m)	pakar	[pakar]
especialista (m)	pakar	[pakar]
banqueiro (m)	pengurus bank	[pɛŋurus baŋk]
corretor (m)	broker	[brokɛr]
caixa (m, f)	juruwang, kasyier	[dʒuruvaŋ], [kaʃier]
contador (m)	akauntan	[akauntan]
guarda (m)	pengawal keselamatan	[pɛŋaval kɛsɛlamatan]
investidor (m)	pelabur	[pɛlabur]
devedor (m)	si berhutang	[si bɛrhutaŋ]
credor (m)	pemberi pinjaman	[pɛmbri pindʒaman]
mutuário (m)	peminjam	[pɛmindʒam]
importador (m)	pengimport	[pɛŋimport]
exportador (m)	pengeksport	[pɛŋeksport]
produtor (m)	pembuat	[pɛmbuat]
distribuidor (m)	pengedar	[pɛŋedar]
intermediário (m)	perantara	[pɛrantara]
consultor (m)	perunding	[pɛrundiŋ]
representante comercial	wakil	[vakil]
agente (m)	ejen	[edʒen]
agente (m) de seguros	ejen insurans	[edʒen insurans]

106. Profissões de serviços

cozinheiro (m)	tukang masak	[tukaŋ masak]
chefe (m) de cozinha	kepala tukang masak	[kɛpala tukaŋ masak]
padeiro (m)	pembakar roti	[pɛmbakar roti]
barman (m)	pelayan bar	[pɛlajan bar]

garçom (m)	pelayan lelaki	[pɛlajan lɛlaki]
garçonete (f)	pelayan perempuan	[pɛlajan pɛrɛmpuan]
advogado (m)	peguam	[pɛguam]
jurista (m)	peguam	[pɛguam]
notário (m)	notari awam	[notari avam]
eletricista (m)	juruelektrik	[dʒuruelektrik]
encanador (m)	tukang paip	[tukaŋ pajp]
carpinteiro (m)	tukang kayu	[tukaŋ kaju]
massagista (m)	tukang urut lelaki	[tukaŋ urut lɛlaki]
massagista (f)	tukang urut perempuan	[tukaŋ urut pɛrɛmpuan]
médico (m)	doktor	[doktor]
taxista (m)	pemandu teksi	[pɛmandu teksi]
condutor (automobilista)	pemandu	[pɛmandu]
entregador (m)	kurier	[kurir]
camareira (f)	pengemas rumah	[pɛŋɛmas rumah]
guarda (m)	pengawal keselamatan	[pɛŋaval kɛsɛlamatan]
aeromoça (f)	pramugari	[pramugari]
professor (m)	guru	[guru]
bibliotecário (m)	pustakawan	[pustakavan]
tradutor (m)	penterjemah	[pɛntɛrdʒɛmah]
intérprete (m)	penterjemah	[pɛntɛrdʒɛmah]
guia (m)	pemandu	[pɛmandu]
cabeleireiro (m)	tukang gunting rambut	[tukaŋ guntiŋ rambut]
carteiro (m)	posmen	[posmen]
vendedor (m)	jurujual	[dʒurudʒual]
jardineiro (m)	tukang kebun	[tukaŋ kɛbun]
criado (m)	pembantu rumah	[pɛmbantu rumah]
criada (f)	amah	[amah]
empregada (f) de limpeza	pembersih	[pɛmbɛrsih]

107. Profissões militares e postos

soldado (m) raso	prebet	[prebet]
sargento (m)	sarjan	[sardʒan]
tenente (m)	leftenan	[leftɛnan]
capitão (m)	kapten	[kaptɛn]
major (m)	mejar	[medʒar]
coronel (m)	kolonel	[kolonɛl]
general (m)	jeneral	[dʒɛnɛral]
marechal (m)	marsyal	[marʃal]
almirante (m)	laksamana	[laksamana]
militar (m)	anggota tentera	[aŋota tɛntra]
soldado (m)	perajurit	[pradʒurit]
oficial (m)	pegawai	[pɛgavaj]

comandante (m)	pemerintah	[pɛmɛrintah]
guarda (m) de fronteira	pengawal sempadan	[pɛŋaval sɛmpadan]
operador (m) de rádio	pengendali radio	[pɛŋɛndali radio]
explorador (m)	pengintip	[pɛŋintip]
sapador-mineiro (m)	askar jurutera	[askar dʒurutra]
atirador (m)	penembak	[pɛnembak]
navegador (m)	pemandu	[pɛmandu]

108. Oficiais. Padres

| rei (m) | raja | [radʒa] |
| rainha (f) | ratu | [ratu] |

| príncipe (m) | putera | [putra] |
| princesa (f) | puteri | [putri] |

| czar (m) | tsar, raja | [tsar], [radʒa] |
| czarina (f) | tsarina, ratu | [tsarina], [ratu] |

presidente (m)	presiden	[presiden]
ministro (m)	menteri	[mɛntri]
primeiro-ministro (m)	perdana menteri	[perdana mɛntri]
senador (m)	senator	[senator]

diplomata (m)	diplomat	[diplomat]
cônsul (m)	konsul	[konsul]
embaixador (m)	duta besar	[duta bɛsar]
conselheiro (m)	penasihat	[pɛnasihat]

funcionário (m)	kakitangan	[kakitaŋan]
prefeito (m)	ketua prefekture	[kɛtua prefekturɛ]
Presidente (m) da Câmara	datuk bandar	[datuk bandar]

| juiz (m) | hakim | [hakim] |
| procurador (m) | jaksa | [dʒaksa] |

missionário (m)	mubaligh	[mubaliɣ]
monge (m)	biarawan	[biaravan]
abade (m)	kepala biara	[kɛpala biara]
rabino (m)	rabbi	[rabbi]

vizir (m)	wazir	[vazir]
xá (m)	syah	[ʃah]
xeique (m)	syeikh	[ʃejh]

109. Profissões agrícolas

abelheiro (m)	pemelihara lebah	[pɛmɛlihara lɛbah]
pastor (m)	penggembala	[pɛŋgɛmbala]
agrônomo (m)	ahli agronomi	[ahli agronomi]
criador (m) de gado	penternak	[pɛntɛrnak]
veterinário (m)	pakar veterinar	[pakar vetɛrinar]

agricultor, fazendeiro (m)	peladang	[pɛladaŋ]
vinicultor (m)	pembuat wain	[pɛmbuat vajn]
zoólogo (m)	ahli zoologi	[ahli zoologi]
vaqueiro (m)	koboi	[koboj]

110. Profissões artísticas

| ator (m) | pelakon | [pɛlakon] |
| atriz (f) | aktres | [aktres] |

| cantor (m) | penyanyi lelaki | [pɛnjanji lɛlaki] |
| cantora (f) | penyanyi perempuan | [pɛnjanji pɛrɛmpuan] |

| bailarino (m) | penari lelaki | [pɛnari lɛlaki] |
| bailarina (f) | penari perempuan | [pɛnari pɛrɛmpuan] |

| artista (m) | artis | [artis] |
| artista (f) | aktres | [aktres] |

músico (m)	pemuzik	[pɛmuzik]
pianista (m)	pemain piano	[pɛmajn piano]
guitarrista (m)	pemain gitar	[pɛmajn gitar]

maestro (m)	konduktor	[konduktor]
compositor (m)	komposer	[komposɛr]
empresário (m)	impresario	[impresario]

diretor (m) de cinema	pengarah	[pɛŋarah]
produtor (m)	produser	[produsɛr]
roteirista (m)	penulis skrip	[pɛnulis skrip]
crítico (m)	pengkritik	[pɛŋkritik]

escritor (m)	penulis	[pɛnulis]
poeta (m)	penyair	[pɛnjair]
escultor (m)	pematung	[pɛmatuŋ]
pintor (m)	pelukis	[pɛlukis]

malabarista (m)	penjugel	[pɛndʒugɛl]
palhaço (m)	badut	[badut]
acrobata (m)	akrobat	[akrobat]
ilusionista (m)	ahli silap mata	[ahli silap mata]

111. Várias profissões

médico (m)	doktor	[doktor]
enfermeira (f)	jururawat	[dʒururavat]
psiquiatra (m)	doktor penyakit jiwa	[doktor pɛnjakit dʒiva]
dentista (m)	doktor gigi	[doktor gigi]
cirurgião (m)	doktor bedah	[doktor bɛdah]

| astronauta (m) | angkasawan | [aŋkasavan] |
| astrônomo (m) | ahli astronomi | [ahli astronomi] |

piloto (m)	juruterbang	[dʒurutɛrbaŋ]
motorista (m)	pemandu	[pɛmandu]
maquinista (m)	pemandu kereta api	[pɛmandu kreta api]
mecânico (m)	mekanik	[mekanik]

mineiro (m)	buruh lombong	[buruh lomboŋ]
operário (m)	buruh, pekerja	[buruh], [pɛkɛrdʒa]
serralheiro (m)	tukang logam	[tukaŋ logam]
marceneiro (m)	tukang tanggam	[tukaŋ taŋgam]
torneiro (m)	tukang pelarik	[tukaŋ pɛlarik]
construtor (m)	buruh binaan	[buruh binaan]
soldador (m)	jurukimpal	[dʒurukimpal]

professor (m)	profesor	[profesor]
arquiteto (m)	jurubina	[dʒurubina]
historiador (m)	sejarawan	[sɛdʒaravan]
cientista (m)	ilmuwan	[ilmuvan]
físico (m)	ahli fizik	[ahli fizik]
químico (m)	ahli kimia	[ahli kimia]

arqueólogo (m)	ahli arkeologi	[ahli arkeologi]
geólogo (m)	ahli geologi	[ahli geologi]
pesquisador (cientista)	penyelidik	[pɛnjelidik]

| babysitter, babá (f) | pengasuh kanak-kanak | [pɛɲasuh kanak kanak] |
| professor (m) | guru | [guru] |

redator (m)	editor	[editor]
redator-chefe (m)	ketua pengarang	[kɛtua pɛɲaraŋ]
correspondente (m)	pemberita	[pɛmbrita]
datilógrafa (f)	jurutaip	[dʒurutajp]

designer (m)	pereka bentuk	[pereka bɛntuk]
especialista (m) em informática	tukang komputer	[tukaŋ komputɛr]
programador (m)	juruprogram	[dʒuruprogram]
engenheiro (m)	jurutera	[dʒurutra]

marujo (m)	pelaut	[pɛlaut]
marinheiro (m)	kelasi	[kɛlasi]
socorrista (m)	penyelamat	[pɛnjelamat]

bombeiro (m)	anggota bomba	[aŋgota bomba]
polícia (m)	anggota polis	[aŋgota polis]
guarda-noturno (m)	warden	[vardɛn]
detetive (m)	mata-mata	[mata mata]

funcionário (m) da alfândega	anggota kastam	[aŋgota kastam]
guarda-costas (m)	pengawal peribadi	[pɛɲaval pribadi]
guarda (m) prisional	warden penjara	[vardɛn pɛndʒara]
inspetor (m)	inspektor	[inspektor]

esportista (m)	atlet, ahli sukan	[atlet], [ahli sukan]
treinador (m)	pelatih	[pɛlatih]
açougueiro (m)	tukang daging	[tukaŋ dagiŋ]
sapateiro (m)	tukang kasut	[tukaŋ kasut]

| comerciante (m) | pedagang | [pɛdagaŋ] |
| carregador (m) | pemuat | [pɛmuat] |

| estilista (m) | pereka fesyen | [pɛreka feʃɛn] |
| modelo (f) | peragawati | [pragavati] |

112. Ocupações. Estatuto social

| estudante (~ de escola) | budak sekolah | [budak sɛkolah] |
| estudante (~ universitária) | mahasiswa | [mahasisva] |

filósofo (m)	ahli falsafah	[ahli falsafah]
economista (m)	ahli ekonomi	[ahli ekonomi]
inventor (m)	penemu	[pɛnɛmu]

desempregado (m)	pengganggur	[pɛŋgaŋgur]
aposentado (m)	pesara	[pɛsara]
espião (m)	pengintip	[pɛŋintip]

preso, prisioneiro (m)	tahanan	[tahanan]
grevista (m)	pemogok	[pɛmogok]
burocrata (m)	birokrat	[birokrat]
viajante (m)	pengembara	[pɛŋɛmbara]

homossexual (m)	homoseksual	[homoseksual]
hacker (m)	penggodam	[pɛŋgodam]
hippie (m, f)	hipi	[hipi]

bandido (m)	samseng	[samsɛŋ]
assassino (m)	pembunuh upahan	[pɛmbunuh upahan]
drogado (m)	penagih dadah	[pɛnagih dadah]
traficante (m)	pengedar dadah	[pɛŋedar dadah]
prostituta (f)	pelacur	[pɛlatʃur]
cafetão (m)	bapa ayam	[bapa ajam]

bruxo (m)	ahli sihir lelaki	[ahli sihir lɛlaki]
bruxa (f)	ahli sihir perempuan	[ahli sihir pɛrɛmpuan]
pirata (m)	lanun	[lanun]
escravo (m)	hamba	[hamba]
samurai (m)	samurai	[samuraj]
selvagem (m)	orang yang tidak bertamadun	[oraŋ jaŋ tidak bɛrtamadun]

Desportos

113. Tipos de desportos. Desportistas

esportista (m)	atlet, ahli sukan	[atlet], [ahli sukan]
tipo (m) de esporte	jenis sukan	[dʒɛnis sukan]
basquete (m)	bola keranjang	[bola krandʒaŋ]
jogador (m) de basquete	pemain bola keranjang	[pɛmajn bola krandʒaŋ]
beisebol (m)	besbol	[besbol]
jogador (m) de beisebol	pemain besbol	[pɛmajn besbol]
futebol (m)	bola sepak	[bola sɛpak]
jogador (m) de futebol	pemain bola sepak	[pɛmajn bola sepak]
goleiro (m)	penjaga gol	[pɛndʒaga gol]
hóquei (m)	hoki	[hoki]
jogador (m) de hóquei	pemain hoki	[pɛmajn hoki]
vôlei (m)	bola tampar	[bola tampar]
jogador (m) de vôlei	pemain bola tampar	[pɛmajn bola tampar]
boxe (m)	tinju	[tindʒu]
boxeador (m)	petinju	[pɛtindʒu]
luta (f)	gusti	[gusti]
lutador (m)	ahli gusti	[ahli gusti]
caratê (m)	karate	[karate]
carateca (m)	atlet karate	[atlet karate]
judô (m)	judo	[dʒudo]
judoca (m)	atlet judo	[atlet dʒudo]
tênis (m)	tenis	[tenis]
tenista (m)	petenis	[pɛtenis]
natação (f)	berenang	[bɛrɛnaŋ]
nadador (m)	perenang	[pɛrɛnaŋ]
esgrima (f)	bermain pedang	[bɛrmajn pɛdaŋ]
esgrimista (m)	pemain pedang	[pɛmajn pɛdaŋ]
xadrez (m)	catur	[ʧatur]
jogador (m) de xadrez	pemain catur	[pɛmajn ʧatur]
alpinismo (m)	mendaki gunung	[mɛndaki gunuŋ]
alpinista (m)	pendaki gunung	[pɛndaki gunuŋ]
corrida (f)	lari	[lari]

corredor (m)	pelari	[pɛlari]
atletismo (m)	atletik	[atletik]
atleta (m)	ahli sukan	[ahli sukan]
hipismo (m)	sukan ekuestrian	[sukan ekuestrian]
cavaleiro (m)	ekuin	[ekuin]

patinação (f) artística	luncur ais berbunga	[luntʃur ajs bɛrbuŋa]
patinador (m)	peluncur ais berbunga lelaki	[pɛluntʃur ajs bɛrbuŋa lɛlaki]
patinadora (f)	peluncur ais berbunga perempuan	[pɛluntʃur ajs bɛrbuŋa pɛrɛmpuan]

| halterofilismo (m) | angkat berat | [aŋkat brat] |
| halterofilista (m) | atlet angkat berat | [atlet aŋkat brat] |

corrida (f) de carros	lumba kereta	[lumba kreta]
piloto (m)	pelumba	[pɛlumba]
ciclismo (m)	sukan berbasikal	[sukan bɛrbasikal]
ciclista (m)	penunggang basikal	[pɛnuŋgaŋ basikal]

salto (m) em distância	lompat jauh	[lompat dʒauh]
salto (m) com vara	lompat galah	[lompat galah]
atleta (m) de saltos	pelompat	[pɛlompat]

114. Tipos de desportos. Diversos

futebol (m) americano	bola sepak Amerika	[bola sɛpak amerika]
badminton (m)	bulu tangkis	[bulu taŋkis]
biatlo (m)	biathlon	[biatlon]
bilhar (m)	biliard	[biliard]

bobsled (m)	bobsled	[bobsled]
musculação (f)	bina badan	[bina badan]
polo (m) aquático	polo air	[polo air]
handebol (m)	bola baling	[bola baliŋ]
golfe (m)	golf	[golf]

remo (m)	mendayung	[mɛndajuŋ]
mergulho (m)	selam skuba	[sɛlam skuba]
corrida (f) de esqui	lumba ski rentas desa	[lumba ski rɛntas desa]
tênis (m) de mesa	tenis meja	[tenis mɛdʒa]

vela (f)	sukan berlayar	[sukan bɛrlajar]
rali (m)	rali	[rali]
rúgbi (m)	ragbi	[ragbi]
snowboard (m)	meluncur papan salji	[mɛluntʃur papan saldʒi]
arco-e-flecha (m)	memanah	[mɛmanah]

115. Ginásio

| barra (f) | berat | [brat] |
| halteres (m pl) | dumbel | [dumbel] |

aparelho (m) de musculação	alatan senaman	[alatan sɛnaman]
bicicleta (f) ergométrica	basikal statik	[basikal statik]
esteira (f) de corrida	lorong lari	[loroŋ lari]

barra (f) fixa	palang lintang	[palaŋ lintaŋ]
barras (f pl) paralelas	palang selari	[palaŋ sɛlari]
cavalo (m)	kekuda	[kɛkuda]
tapete (m) de ginástica	tikar	[tikar]

corda (f) de saltar	tali skip	[tali skip]
aeróbica (f)	senamrobik	[ɛenamrobik]
ioga, yoga (f)	yoga	[joga]

116. Desportos. Diversos

Jogos (m pl) Olímpicos	Sukan Olimpik	[sukan olimpik]
vencedor (m)	pemenang	[pɛmɛnaŋ]
vencer (vi)	memenangi	[mɛmɛnaɲi]
vencer (vi, vt)	menang	[mɛnaŋ]

líder (m)	pemimpin	[pɛmimpin]
liderar (vt)	memimpin	[mɛmimpin]

primeiro lugar (m)	tempat pertama	[tɛmpat pɛrtama]
segundo lugar (m)	tempat kedua	[tɛmpat kɛdua]
terceiro lugar (m)	tempat ketiga	[tɛmpat kɛtiga]

medalha (f)	pingat	[piɲat]
troféu (m)	trofi	[trofi]
taça (f)	piala	[piala]
prêmio (m)	hadiah	[hadiah]
prêmio (m) principal	hadiah utama	[hadiah utama]

recorde (m)	rekod	[rekod]
estabelecer um recorde	menciptakan rekod	[mɛnʧiptakan rekod]

final (m)	perlawanan akhir	[pɛrlavanan aχir]
final (adj)	akhir	[aχir]

campeão (m)	johan	[ʤohan]
campeonato (m)	kejohanan	[kɛʤohanan]

estádio (m)	stadium	[stadium]
arquibancadas (f pl)	blok tempat duduk	[blok tɛmpat duduk]
fã, torcedor (m)	peminat	[pɛminat]
adversário (m)	lawan	[lavan]

partida (f)	garis mula	[garis mula]
linha (f) de chegada	garis penamat	[garis pɛnamat]

derrota (f)	kekalahan	[kɛkalahan]
perder (vt)	kalah	[kalah]
árbitro, juiz (m)	hakim	[hakim]
júri (m)	jemaah pengadil	[ʤɛmaah pɛŋadil]

resultado (m)	kedudukan	[kɛdudukan]
empate (m)	seri	[sɛri]
empatar (vi)	main seri	[majn sɛri]
ponto (m)	mata	[mata]
resultado (m) final	hasil	[hasil]

| tempo (m) | separuh masa | [sɛparuh masa] |
| intervalo (m) | masa rehat | [masa rehat] |

doping (m)	doping	[dopiŋ]
penalizar (vt)	memberi penalti	[mɛmbri penalti]
desqualificar (vt)	menyingkirkan	[mɛnjiŋkirkan]

aparelho, aparato (m)	perkakas	[pɛrkakas]
dardo (m)	lembing	[lɛmbiŋ]
peso (m)	peluru	[pɛluru]
bola (f)	bola	[bola]

alvo, objetivo (m)	sasaran	[sasaran]
alvo (~ de papel)	sasaran	[sasaran]
disparar, atirar (vi)	menembak	[mɛnembak]
preciso (tiro ~)	tepat	[tɛpat]

treinador (m)	pelatih	[pɛlatih]
treinar (vt)	melatih	[mɛlatih]
treinar-se (vr)	berlatih	[bɛrlatih]
treino (m)	latihan	[latihan]

academia (f) de ginástica	gimnazium	[gimnazium]
exercício (m)	latihan	[latihan]
aquecimento (m)	senaman pemanas badan	[sɛnaman pɛmanas badan]

Educação

117. Escola

escola (f)	sekolah	[sɛkolah]
diretor (m) de escola	pengetua sekolah	[pɛŋetua sɛkolah]
aluno (m)	pelajar lelaki	[pɛladʒar lɛlaki]
aluna (f)	pelajar perempuan	[pɛladʒar pɛrɛmpuan]
estudante (m)	budak sekolah	[budak sɛkolah]
estudante (f)	budak perempuan sekolah	[budak pɛrɛmpuan sɛkolah]
ensinar (vt)	mengajar	[mɛŋadʒar]
aprender (vt)	belajar	[bɛladʒar]
decorar (vt)	menghafalkan	[mɛŋɣafalkan]
estudar (vi)	belajar	[bɛladʒar]
estar na escola	bersekolah	[bɛrsɛkolah]
ir à escola	pergi sekolah	[pɛrgi sɛkolah]
alfabeto (m)	abjad	[abdʒad]
disciplina (f)	mata pelajaran	[mata pɛladʒaran]
sala (f) de aula	bilik darjah	[bilik dardʒah]
lição, aula (f)	kelas	[klas]
recreio (m)	rehat	[rehat]
toque (m)	loceng	[lotʃeŋ]
classe (f)	bangku sekolah	[baŋku sɛkolah]
quadro (m) negro	papan hitam	[papan hitam]
nota (f)	markah	[markah]
boa nota (f)	markah baik	[markah baik]
nota (f) baixa	markah tidak lulus	[markah tidak lulus]
dar uma nota	memberi markah	[mɛmbri markah]
erro (m)	kesalahan	[kɛsalahan]
errar (vi)	membuat kesalahan	[mɛmbuat kɛsalahan]
corrigir (~ um erro)	memperbaiki	[mɛmpɛrbaiki]
cola (f)	toyol	[tojol]
dever (m) de casa	tugasan rumah	[tugasan rumah]
exercício (m)	latihan	[latihan]
estar presente	hadir	[hadir]
estar ausente	tidak hadir	[tidak hadir]
faltar às aulas	ponteng	[ponteŋ]
punir (vt)	menghukum	[mɛŋɣukum]
punição (f)	hukuman	[hukuman]
comportamento (m)	tingkah laku	[tiŋkah laku]

boletim (m) escolar	buku laporan	[buku laporan]
lápis (m)	pensel	[pensel]
borracha (f)	getah pemadam	[gɛtah pɛmadam]
giz (m)	kapur	[kapur]
porta-lápis (m)	kotak pensel	[kotak pensel]
mala, pasta, mochila (f)	beg sekolah	[beg sɛkolah]
caneta (f)	pen	[pen]
caderno (m)	buku latihan	[buku latihan]
livro (m) didático	buku teks	[buku teks]
compasso (m)	jangka lukis	[dʒaŋka lukis]
traçar (vt)	melukis	[mɛlukis]
desenho (m) técnico	rajah	[radʒah]
poesia (f)	puisi, sajak	[puisi], [sadʒak]
de cor	hafal	[hafal]
decorar (vt)	menghafalkan	[mɛŋɣafalkan]
férias (f pl)	cuti	[ʧuti]
estar de férias	bercuti	[bɛrʧuti]
passar as férias	menghabiskan cuti	[mɛŋɣabiskan ʧuti]
teste (m), prova (f)	tes	[tes]
redação (f)	karangan	[karaŋan]
ditado (m)	imla	[imla]
exame (m), prova (f)	peperiksaan	[pɛpɛriksaan]
fazer prova	menduduki peperiksaan	[mɛnduduki pɛpɛriksaan]
experiência (~ química)	uji cuba	[udʒi ʧuba]

118. Colégio. Universidade

academia (f)	akademi	[akadɛmi]
universidade (f)	universiti	[univɛrsiti]
faculdade (f)	fakulti	[fakulti]
estudante (m)	mahasiswa	[mahasisva]
estudante (f)	mahasiswi	[mahasisvi]
professor (m)	pensyarah	[pɛnɕarah]
auditório (m)	ruang darjah	[ruaŋ dardʒah]
graduado (m)	tamatan	[tamatan]
diploma (m)	ijazah	[idʒazah]
tese (f)	tesis	[tesis]
estudo (obra)	kajian	[kadʒian]
laboratório (m)	makmal	[makmal]
palestra (f)	syarahan, kuliah	[ɕarahan], [kulijah]
colega (m) de curso	teman sedarjah	[tɛman sɛdardʒah]
bolsa (f) de estudos	biasiswa	[biasisva]
grau (m) acadêmico	ijazah	[idʒazah]

119. Ciências. Disciplinas

matemática (f)	matematik	[matɛmatik]
álgebra (f)	algebra	[algebra]
geometria (f)	geometri	[geometri]
astronomia (f)	astronomi	[astronomi]
biologia (f)	biologi	[biologi]
geografia (f)	geografi	[geografi]
geologia (f)	geologi	[geologi]
história (f)	sejarah	[sɛdʒarah]
medicina (f)	perubatan	[pɛrubatan]
pedagogia (f)	pedagogi	[pedagogi]
direito (m)	hukum	[hukum]
física (f)	fizik	[fizik]
química (f)	kimia	[kimia]
filosofia (f)	falsafah	[falsafah]
psicologia (f)	psikologi	[psikologi]

120. Sistema de escrita. Ortografia

gramática (f)	nahu	[nahu]
vocabulário (m)	kosa kata	[kosa kata]
fonética (f)	fonetik	[fonetik]
substantivo (m)	kata nama	[kata nama]
adjetivo (m)	kata sifat	[kata sifat]
verbo (m)	kata kerja	[kata kɛrdʒa]
advérbio (m)	adverba	[advɛrba]
pronome (m)	ganti nama	[ganti nama]
interjeição (f)	kata seru	[kata sɛru]
preposição (f)	kata depan	[kata dɛpan]
raiz (f)	kata akar	[kata akar]
terminação (f)	akhiran	[aχiran]
prefixo (m)	awalan	[avalan]
sílaba (f)	sukukata	[sukukata]
sufixo (m)	akhiran	[aχiran]
acento (m)	tanda tekanan	[tanda tɛkanan]
apóstrofo (f)	koma atas	[koma atas]
ponto (m)	titik	[titik]
vírgula (f)	koma	[koma]
ponto e vírgula (m)	koma bertitik	[koma bɛrtitik]
dois pontos (m pl)	tanda titik bertindih	[tanda titik bɛrtindih]
reticências (f pl)	tanda elipsis	[tanda elipsis]
ponto (m) de interrogação	tanda tanya	[tanda tanja]
ponto (m) de exclamação	tanda seru	[tanda sɛru]

aspas (f pl)	tanda petik	[tanda pɛtik]
entre aspas	dalam tanda petik	[dalam tanda pɛtik]
parênteses (m pl)	tanda kurung	[tanda kuruŋ]
entre parênteses	dalam kurungan	[dalam kuruŋan]

hífen (m)	tanda pisah	[tanda pisah]
travessão (m)	tanda sempang	[tanda sɛmpaŋ]
espaço (m)	jarak	[dʒarak]

| letra (f) | huruf | [huruf] |
| letra (f) maiúscula | huruf besar | [huruf bɛsar] |

| vogal (f) | huruf hidup | [huruf hidup] |
| consoante (f) | konsonan | [konsonan] |

frase (f)	ayat, kalimat	[ajat], [kalimat]
sujeito (m)	subjek	[subdʒek]
predicado (m)	predikat	[predikat]

linha (f)	baris	[baris]
em uma nova linha	di baris baru	[di baris baru]
parágrafo (m)	perenggan	[pɛrɛŋgan]

palavra (f)	perkataan	[pɛrkataan]
grupo (m) de palavras	rangkaian kata	[raŋkajan kata]
expressão (f)	ungkapan	[uŋkapan]
sinônimo (m)	kata seerti	[kata sɛɛrti]
antônimo (m)	antonim	[antonim]

regra (f)	peraturan	[pɛraturan]
exceção (f)	pengecualian	[pɛɲʧualian]
correto (adj)	betul	[bɛtul]

conjugação (f)	konjugasi	[kondʒugasi]
declinação (f)	deklinasi	[deklinasi]
caso (m)	kasus	[kasus]
pergunta (f)	soalan	[soalan]
sublinhar (vt)	menegaskan	[mɛnɛgaskan]
linha (f) pontilhada	garis titik-titik	[garis titik titik]

121. Línguas estrangeiras

língua (f)	bahasa	[bahasa]
estrangeiro (adj)	asing	[asiŋ]
língua (f) estrangeira	bahasa asing	[bahasa asiŋ]
estudar (vt)	mempelajari	[mɛmpɛladʒari]
aprender (vt)	belajar	[bɛladʒar]

ler (vt)	membaca	[mɛmbaʧa]
falar (vi)	bercakap	[bɛrʧakap]
entender (vt)	memahami	[mɛmahami]
escrever (vt)	menulis	[mɛnulis]
rapidamente	fasih	[fasih]
devagar, lentamente	perlahan-lahan	[pɛrlahan lahan]

fluentemente	fasih	[fasih]
regras (f pl)	peraturan	[pɛraturan]
gramática (f)	nahu	[nahu]
vocabulário (m)	kosa kata	[kosa kata]
fonética (f)	fonetik	[fonetik]

livro (m) didático	buku teks	[buku teks]
dicionário (m)	kamus	[kamus]
manual (m) autodidático	buku teks pembelajaran kendiri	[buku teks pɛmbɛladʒaran kɛndiri]
guia (m) de conversação	buku ungkapan	[buku uŋkapan]

fita (f) cassete	kaset	[kaset]
videoteipe (m)	kaset video	[kaset video]
CD (m)	cakera padat	[ʧakra padat]
DVD (m)	cakera DVD	[ʧakra dividi]

alfabeto (m)	abjad	[abdʒad]
soletrar (vt)	mengeja	[mɛŋedʒa]
pronúncia (f)	sebutan	[sɛbutan]

sotaque (m)	aksen	[aksen]
com sotaque	dengan pelat	[dɛŋan pelat]
sem sotaque	tanpa pelat	[tanpa pelat]

palavra (f)	perkataan	[pɛrkataan]
sentido (m)	erti	[ɛrti]

curso (m)	kursus	[kursus]
inscrever-se (vr)	berdaftar	[bɛrdaftar]
professor (m)	pensyarah	[pɛnɕarah]

tradução (processo)	penterjemahan	[pɛntɛrdʒemahan]
tradução (texto)	terjemahan	[tɛrdʒemahan]
tradutor (m)	penterjemah	[pɛntɛrdʒemah]
intérprete (m)	penterjemah	[pɛntɛrdʒemah]

poliglota (m)	penutur pelbagai bahasa	[pɛnutur pɛlbagaj bahasa]
memória (f)	ingatan	[iŋatan]

122. Personagens de contos de fadas

Papai Noel (m)	Santa Claus	[santa klaus]
Cinderela (f)	Cinderella	[sinderella]
sereia (f)	ikan duyung	[ikan dujuŋ]
Netuno (m)	Waruna	[varuna]

bruxo, feiticeiro (m)	ahli sihir	[ahli sihir]
fada (f)	sihir perempuan	[sihir pɛrɛmpuan]
mágico (adj)	ajaib	[adʒaib]
varinha (f) mágica	tongkat wasiat	[toŋkat vasiat]

conto (m) de fadas	dongeng	[doŋeŋ]
milagre (m)	keajaiban	[kɛadʒaiban]

| anão (m) | orang kerdil | [oraŋ kɛrdil] |
| transformar-se em ... | menjelma menjadi | [mɛndʒɛlma mɛndʒadi] |

fantasma (m)	hantu	[hantu]
fantasma (m)	hantu	[hantu]
monstro (m)	bota	[bota]
dragão (m)	naga	[naga]
gigante (m)	gergasi	[gɛrgasi]

123. Signos do Zodíaco

Áries (f)	Aries	[ariz]
Touro (m)	Taurus	[torɛs]
Gêmeos (m pl)	Gemini	[dʒeminaj]
Câncer (m)	Cancer	[kɛnser]
Leão (m)	Leo	[leo]
Virgem (f)	Virgo	[virgo]

Libra (f)	Libra	[libra]
Escorpião (m)	Scorpio	[skorpio]
Sagitário (m)	Sagittarius	[sadʒitarius]
Capricórnio (m)	Capricorn	[kɛprikon]
Aquário (m)	Aquarius	[akuarius]
Peixes (pl)	Pisces	[piskiz]

caráter (m)	sifat	[sifat]
traços (m pl) do caráter	sifat	[sifat]
comportamento (m)	tingkah laku	[tiŋkah laku]
prever a sorte	menilik nasib	[mɛnilik nasib]
adivinha (f)	penilik nasib perempuan	[pɛnilik nasib pɛrɛmpuan]
horóscopo (m)	horoskop	[horoskop]

Artes

124. Teatro

teatro (m)	teater	[teatɛr]
ópera (f)	opera	[opɛra]
opereta (f)	opereta	[opɛreta]
balé (m)	balet	[balet]
cartaz (m)	poster	[postɛr]
companhia (f) de teatro	rombongan teater	[rombɔŋan teatɛr]
turnê (f)	pertunjukan jelajah	[pɛrtundʒukan dʒɛladʒah]
estar em turnê	berjelajah dengan pertunjukan	[bɛrdʒɛladʒah dɛŋan pɛrtundʒukan]
ensaiar (vt)	melatih berlakon	[mɛlatih bɛrlakon]
ensaio (m)	raptai	[raptaj]
repertório (m)	repertoir	[rɛpɛrtoir]
apresentação (f)	pertunjukan	[pɛrtundʒukan]
espetáculo (m)	pertunjukan	[pɛrtundʒukan]
peça (f)	lakon, teater	[lakon], [teatɛr]
entrada (m)	tiket	[tiket]
bilheteira (f)	pejabat tiket	[pɛdʒabat tiket]
hall (m)	ruang legar	[ruaŋ legar]
vestiário (m)	tempat meletak pakaian	[tɛmpat mɛlɛtak pakajan]
senha (f) numerada	teg	[teg]
binóculo (m)	teropong	[tɛropoŋ]
lanterninha (m)	pemeriksa tiket	[pɛmɛriksa tiket]
plateia (f)	tingkat bawah	[tiŋkat bavah]
balcão (m)	balkoni	[balkoni]
primeiro balcão (m)	bulatan dress	[bulatan dres]
camarote (m)	boks	[boks]
fila (f)	baris	[baris]
assento (m)	tempat duduk	[tɛmpat duduk]
público (m)	penonton, odiens	[pɛnonton], [odiens]
espectador (m)	penonton	[pɛnonton]
aplaudir (vt)	menepuk tangan	[mɛnɛpuk taŋan]
aplauso (m)	tepuk tangan	[tɛpuk taŋan]
ovação (f)	tepuk sorak	[tɛpuk sorak]
palco (m)	pentas	[pɛntas]
cortina (f)	tirai	[tiraj]
cenário (m)	hiasan latar	[hiasan latar]
bastidores (m pl)	belakang pentas	[blakaŋ pɛntas]
cena (f)	adegan	[adɛgan]
ato (m)	babak	[babak]
intervalo (m)	waktu rehat	[vaktu rehat]

113

125. Cinema

ator (m)	pelakon	[pɛlakon]
atriz (f)	aktres	[aktres]
cinema (m)	seni wayang gambar	[sɛni vajaŋ gambar]
filme (m)	filem	[filɛm]
episódio (m)	episod	[episod]
filme (m) policial	filem detektif	[filɛm detektif]
filme (m) de ação	filem aksi	[filɛm aksi]
filme (m) de aventuras	filem petualangan	[filɛm pɛtualaŋan]
filme (m) de ficção científica	filem cereka sains	[filɛm tʃɛreka sajns]
filme (m) de horror	filem seram	[filɛm sɛram]
comédia (f)	filem komedi	[filɛm komedi]
melodrama (m)	melodrama	[melodrama]
drama (m)	drama	[drama]
filme (m) de ficção	filem cereka	[filɛm tʃereka]
documentário (m)	filem dokumentari	[filɛm dokumɛntari]
desenho (m) animado	filem kartun	[filɛm kartun]
cinema (m) mudo	filem bisu	[filɛm bisu]
papel (m)	peranan	[pɛranan]
papel (m) principal	peranan utama	[pɛranan utama]
representar (vt)	memainkan	[mɛmajŋkan]
estrela (f) de cinema	bintang filem	[bintaŋ filɛm]
conhecido (adj)	terkenal	[tɛrkɛnal]
famoso (adj)	terkenal	[tɛrkɛnal]
popular (adj)	popular	[popular]
roteiro (m)	skrip	[skrip]
roteirista (m)	penulis skrip	[pɛnulis skrip]
diretor (m) de cinema	pengarah	[pɛŋarah]
produtor (m)	produser	[produsɛr]
assistente (m)	pembantu	[pɛmbantu]
diretor (m) de fotografia	jurukamera	[dʒurukamera]
dublê (m)	pelakon lagak aksi	[pɛlakon lagak aksi]
dublê (m) de corpo	pelakon pengganti	[pɛlakon pɛŋganti]
filmar (vt)	membuat penggambaran filem	[mɛmbuat pɛŋgambaran filɛm]
audição (f)	uji bakat	[udʒi bakat]
filmagem (f)	penggambaran	[pɛŋgambaran]
equipe (f) de filmagem	kru penggambaran	[kru pɛŋgambaran]
set (m) de filmagem	tapak penggambaran	[tapak pɛŋgambaran]
câmera (f)	kamera filem	[kamera filɛm]
cinema (m)	pawagam	[pavagam]
tela (f)	layar perak	[lajar perak]
exibir um filme	menayangkan filem	[mɛnajaŋkan filɛm]
trilha (f) sonora	runut bunyi	[runut bunji]
efeitos (m pl) especiais	kesan khas	[kɛsan χas]

legendas (f pl)	sari kata	[sari kata]
crédito (m)	barisan kredit	[barisan kredit]
tradução (f)	terjemahan	[tɛrdʒɛmahan]

126. Pintura

arte (f)	seni	[sɛni]
belas-artes (f pl)	seni halus	[sɛni halus]
galeria (f) de arte	balai seni lukis	[balaj sɛni lukis]
exibição (f) de arte	pameran lukisan	[pameran lukisan]

pintura (f)	seni lukis	[sɛni lukis]
arte (f) gráfica	seni grafik	[sɛni grafik]
arte (f) abstrata	seni abstrak	[sɛni abstrak]
impressionismo (m)	impresionisme	[impresionismɛ]

pintura (f), quadro (m)	lukisan	[lukisan]
desenho (m)	lukisan	[lukisan]
cartaz, pôster (m)	poster	[postɛr]

ilustração (f)	gambar	[gambar]
miniatura (f)	lukisan kenit	[lukisan kɛnit]
cópia (f)	salinan	[salinan]
reprodução (f)	reproduksi	[reproduksi]

mosaico (m)	mozek	[mozek]
vitral (m)	kaca berwarna	[katʃa bɛrvarna]
afresco (m)	lukisan dinding	[lukisan dindiŋ]
gravura (f)	ukiran	[ukiran]

busto (m)	patung dada	[patuŋ dada]
escultura (f)	arca	[artʃa]
estátua (f)	patung	[patuŋ]
gesso (m)	gipsum	[gipsum]
em gesso (adj)	daripada gipsum	[daripada gipsum]

retrato (m)	potret	[potret]
autorretrato (m)	potret diri	[potret diri]
paisagem (f)	lukisan landskap	[lukisan landskap]
natureza (f) morta	alam benda mati	[alam bɛnda mati]
caricatura (f)	karikatur	[karikatur]
esboço (m)	sketsa	[sketsa]

tinta (f)	cat	[tʃat]
aquarela (f)	cat air	[tʃat air]
tinta (f) a óleo	cat minyak	[tʃat minjak]
lápis (m)	pensel	[pensel]
tinta (f) nanquim	dakwat Cina	[dakvat tʃina]
carvão (m)	arang	[araŋ]

desenhar (vt)	melukis	[mɛlukis]
pintar (vt)	melukis	[mɛlukis]
posar (vi)	bergaya	[bɛrgaja]
modelo (m)	model lukisan lelaki	[model lukisan lɛlaki]

modelo (f)	model lukisan perempuan	[model lukisan pɛrɛmpuan]
pintor (m)	pelukis	[pɛlukis]
obra (f)	karya	[karja]
obra-prima (f)	karya ulung	[karʲa uluŋ]
estúdio (m)	bengkel	[beŋkel]

tela (f)	kain kanvas	[kain kanvas]
cavalete (m)	kekuda	[kɛkuda]
paleta (f)	palet	[palet]

moldura (f)	bingkai	[biŋkaj]
restauração (f)	pemuliharaan	[pɛmuliharaan]
restaurar (vt)	memulihara	[mɛmulihara]

127. Literatura & Poesia

literatura (f)	sastera	[sastra]
autor (m)	pengarang	[pɛŋaraŋ]
pseudônimo (m)	nama pena	[nama pɛna]

livro (m)	buku	[buku]
volume (m)	jilid	[dʒilid]
índice (m)	kandungan	[kanduŋan]
página (f)	halaman	[halaman]
protagonista (m)	hero utama	[hero utama]
autógrafo (m)	autograf	[autograf]

conto (m)	cerpen	[tʃɛrpen]
novela (f)	novel	[novɛl]
romance (m)	roman	[roman]
obra (f)	karya	[karja]
fábula (m)	fabel	[fabɛl]
romance (m) policial	novel detektif	[novɛl detektif]

verso (m)	puisi, sajak	[puisi], [sadʒak]
poesia (f)	puisi	[puisi]
poema (m)	balada	[balada]
poeta (m)	penyair	[pɛnjair]

ficção (f)	cereka	[tʃɛreka]
ficção (f) científica	cereka sains	[tʃɛreka sains]
aventuras (f pl)	pengembaraan	[pɛŋɛmbaraan]
literatura (f) didática	buku-buku pendidikan	[buku buku pɛndidikan]
literatura (f) infantil	sastera kanak-kanak	[sastra kanak kanak]

128. Circo

circo (m)	sarkas	[sarkas]
circo (m) ambulante	khemah pertunjukkan sarkas	[xemah pɛrtundʒukkan sarkas]
programa (m)	acara	[atʃara]
apresentação (f)	pertunjukan	[pɛrtundʒukan]

número (m)	acara	[atʃara]
picadeiro (f)	gelanggang	[gɛlaŋgaŋ]

pantomima (f)	pantomim	[pantomim]
palhaço (m)	badut	[badut]

acrobata (m)	akrobat	[akrobat]
acrobacia (f)	akrobatik	[akrobatik]
ginasta (m)	jimnas	[dʒimnas]
ginástica (f)	gimnastik	[gimnastik]
salto (m) mortal	balik kuang	[balik kuaŋ]

homem (m) forte	orang kuat	[oraŋ kuat]
domador (m)	penjinak	[pɛndʒinak]
cavaleiro (m) equilibrista	penunggang kuda	[pɛnuŋgaŋ kuda]
assistente (m)	pembantu	[pɛmbantu]

truque (m)	helah	[helah]
truque (m) de mágica	silap mata	[silap mata]
ilusionista (m)	ahli silap mata	[ahli silap mata]

malabarista (m)	penjugel	[pɛndʒugɛl]
fazer malabarismos	melambung-lambungkan	[mɛlambuŋ lambuŋkan]
adestrador (m)	pelatih binatang	[pɛlatih binataŋ]
adestramento (m)	pelatihan binatang	[pɛlatihan binataŋ]
adestrar (vt)	melatih	[mɛlatih]

129. Música. Música popular

música (f)	muzik	[muzik]
músico (m)	pemuzik	[pɛmuzik]
instrumento (m) musical	alat muzik	[alat muzik]
tocar ...	bermain	[bɛrmajn]

guitarra (f)	gitar	[gitar]
violino (m)	biola	[biola]
violoncelo (m)	selo	[selo]
contrabaixo (m)	dabal bes	[dabal bes]
harpa (f)	harp	[harp]

piano (m)	piano	[piano]
piano (m) de cauda	grand piano	[grand piano]
órgão (m)	organ	[organ]

instrumentos (m pl) de sopro	alat-alat tiupan	[alat alat tiupan]
oboé (m)	obo	[obo]
saxofone (m)	saksofon	[saksofon]
clarinete (m)	klarinet	[klarinet]
flauta (f)	serunai	[sɛrunaj]
trompete (m)	sangkakala	[saŋkakala]

acordeão (m)	akordion	[akordion]
tambor (m)	gendang	[gɛndaŋ]
dueto (m)	duet	[duet]

trio (m)	trio	[trio]
quarteto (m)	kuartet	[kuartet]
coro (m)	koir	[koir]
orquestra (f)	orkestra	[orkestra]

música (f) pop	muzik pop	[muzik pop]
música (f) rock	muzik rock	[muzik rok]
grupo (m) de rock	kumpulan rock	[kumpulan rok]
jazz (m)	jaz	[dʒaz]

ídolo (m)	idola	[idola]
fã, admirador (m)	peminat	[pɛminat]

concerto (m)	konsert	[konsɛrt]
sinfonia (f)	simfoni	[simfoni]
composição (f)	gubahan	[gubahan]
compor (vt)	mencipta	[mɛntʃipta]

canto (m)	nyanyian	[njanjian]
canção (f)	lagu	[lagu]
melodia (f)	melodi	[melodi]
ritmo (m)	irama	[irama]
blues (m)	muzik blues	[muzik blus]

notas (f pl)	not	[not]
batuta (f)	tongkat pengarah	[toŋkat pɛŋarah]
arco (m)	penggesek	[pɛŋgesek]
corda (f)	tali	[tali]
estojo (m)	sarung	[saruŋ]

Descanso. Entretenimento. Viagens

130. Viagens

turismo (m)	pelancongan	[pɛlantʃoŋan]
turista (m)	pelancong	[pɛlantʃoŋ]
viagem (f)	pengembaraan	[pɛŋɛmbaraan]
aventura (f)	petualangan	[pɛtualaŋan]
percurso (curta viagem)	lawatan	[lavatan]

férias (f pl)	cuti	[tʃuti]
estar de férias	bercuti	[bɛrtʃuti]
descanso (m)	rehat	[rehat]

trem (m)	kereta api	[kreta api]
de trem (chegar ~)	naik kereta api	[naik kreta api]
avião (m)	kapal terbang	[kapal tɛrbaŋ]
de avião	naik kapal terbang	[naik kapal tɛrbaŋ]
de carro	naik kereta	[naik kreta]
de navio	naik kapal	[naik kapal]

bagagem (f)	bagasi	[bagasi]
mala (f)	beg pakaian	[beg pakajan]
carrinho (m)	troli bagasi	[troli bagasi]

passaporte (m)	pasport	[pasport]
visto (m)	visa	[visa]
passagem (f)	tiket	[tiket]
passagem (f) aérea	tiket kapal terbang	[tiket kapal tɛrbaŋ]

guia (m) de viagem	buku panduan pelancongan	[buku panduan pɛlantʃoŋan]
mapa (m)	peta	[pɛta]
área (f)	kawasan	[kavasan]
lugar (m)	tempat duduk	[tɛmpat duduk]

exotismo (m)	keeksotikan	[kɛeksotikan]
exótico (adj)	eksotik	[eksotik]
surpreendente (adj)	menakjubkan	[mɛnakdʒubkan]

grupo (m)	kumpulan	[kumpulan]
excursão (f)	darmawisata	[darmavisata]
guia (m)	pemandu pelancong	[pɛmandu pɛlantʃoŋ]

131. Hotel

| hotel (m) | hotel | [hotel] |
| motel (m) | motel | [motel] |

três estrelas	tiga bintang	[tiga bintaŋ]
cinco estrelas	lima bintang	[lima bintaŋ]
ficar (vi, vt)	menumpang	[mɛnumpaŋ]

quarto (m)	bilik	[bilik]
quarto (m) individual	bilik untuk satu orang	[bilik untuk satu oraŋ]
quarto (m) duplo	bilik kelamin	[bilik kɛlamin]
reservar um quarto	menempah bilik	[mɛnempah bilik]

meia pensão (f)	penginapan tanpa makanan	[pɛŋinapan tanpa makanan]
pensão (f) completa	penginapan dengan makanan	[pɛŋinapan dɛŋan makanan]

com banheira	dengan tab mandi	[dɛŋan tab mandi]
com chuveiro	dengan pancaran air	[dɛŋan pantʃaran air]
televisão (m) por satélite	televisyen satelit	[televiʃɛn satɛlit]
ar (m) condicionado	penghawa dingin	[pɛŋɣava diŋin]
toalha (f)	tuala	[tuala]
chave (f)	kunci	[kuntʃi]

administrador (m)	pentadbir	[pɛntadbir]
camareira (f)	pengemas rumah	[pɛŋɛmas rumah]
bagageiro (m)	porter	[portɛr]
porteiro (m)	penjaga pintu	[pɛndʒaga pintu]

restaurante (m)	restoran	[restoran]
bar (m)	bar	[bar]
café (m) da manhã	makan pagi	[makan pagi]
jantar (m)	makan malam	[makan malam]
bufê (m)	jamuan berselerak	[dʒamuan bɛrsɛlerak]

saguão (m)	ruang legar	[ruaŋ legar]
elevador (m)	lif	[lif]

NÃO PERTURBE	JANGAN MENGGANGGU	[dʒaŋan mɛŋgaŋgu]
PROIBIDO FUMAR!	DILARANG MEROKOK!	[dilaraŋ mɛrokok]

132. Livros. Leitura

livro (m)	buku	[buku]
autor (m)	pengarang	[pɛŋaraŋ]
escritor (m)	penulis	[pɛnulis]
escrever (~ um livro)	mengarang	[mɛŋaraŋ]

leitor (m)	pembaca	[pɛmbatʃa]
ler (vt)	membaca	[mɛmbatʃa]
leitura (f)	pembacaan	[pɛmbatʃaan]

para si	senyap	[sɛnjap]
em voz alta	dengan suara kuat	[dɛŋan suara kuat]

publicar (vt)	menerbitkan	[mɛnɛrbitkan]
publicação (f)	penerbitan	[pɛnɛrbitan]
editor (m)	penerbit	[pɛnɛrbit]

editora (f)	penerbit	[pɛnɛrbit]
sair (vi)	terbit	[tɛrbit]
lançamento (m)	penerbitan	[pɛnɛrbitan]
tiragem (f)	edaran	[edaran]

| livraria (f) | kedai buku | [kɛdaj buku] |
| biblioteca (f) | perpustakaan | [pɛrpustakaan] |

novela (f)	novel	[novɛl]
conto (m)	cerpen	[ʧɛrpen]
romance (m)	roman	[roman]
romance (m) policial	novel detektif	[novɛl detektif]

memórias (f pl)	kenangan hidup	[kɛnaŋan hidup]
lenda (f)	lagenda	[lagenda]
mito (m)	mitos	[mitos]

poesia (f)	puisi	[puisi]
autobiografia (f)	autobiografi	[autobiografi]
obras (f pl) escolhidas	karya pilihan	[karja pilihan]
ficção (f) científica	cereka sains	[ʧɛreka sains]

título (m)	judul	[dʒudul]
introdução (f)	pengantar	[pɛŋantar]
folha (f) de rosto	halaman judul	[halaman dʒudul]

capítulo (m)	bab	[bab]
excerto (m)	petikan	[pɛtikan]
episódio (m)	episod	[episod]

enredo (m)	jalan cerita	[dʒalan ʧɛrita]
conteúdo (m)	kandungan	[kanduŋan]
índice (m)	kandungan	[kanduŋan]
protagonista (m)	hero utama	[hero utama]

volume (m)	jilid	[dʒilid]
capa (f)	kulit	[kulit]
encadernação (f)	penjilidan	[pɛndʒilidan]
marcador (m) de página	penunjuk halaman	[pɛnundʒuk halaman]

página (f)	halaman	[halaman]
folhear (vt)	membelek-belek	[mɛmbelek belek]
margem (f)	birai, tepi	[biraj], [tɛpi]
anotação (f)	catatan	[ʧatatan]
nota (f) de rodapé	catatan kaki	[ʧatatan kaki]

texto (m)	teks	[teks]
fonte (f)	mata huruf	[mata huruf]
falha (f) de impressão	kesalahan cetak	[kɛsalahan ʧetak]

tradução (f)	terjemahan	[tɛrdʒɛmahan]
traduzir (vt)	menterjemahkan	[mɛntɛrdʒɛmahkan]
original (m)	naskhah asli	[naskah asli]

| famoso (adj) | terkenal | [tɛrkɛnal] |
| desconhecido (adj) | tidak dikenali | [tidak dikɛnali] |

| interessante (adj) | seronok | [ɛeronok] |
| best-seller (m) | buku terlaris | [buku tɛrlaris] |

dicionário (m)	kamus	[kamus]
livro (m) didático	buku teks	[buku teks]
enciclopédia (f)	ensiklopedia	[ensiklopedia]

133. Caça. Pesca

caça (f)	perburuan	[pɛrburuan]
caçar (vi)	memburu	[mɛmburu]
caçador (m)	pemburu	[pɛmburu]

disparar, atirar (vi)	menembak	[mɛnembak]
rifle (m)	senapang	[sɛnapaŋ]
cartucho (m)	kartrij	[kartridʒ]
chumbo (m) de caça	peluru penabur	[pɛluru pɛnabur]

armadilha (f)	perangkap	[praŋkap]
armadilha (com corda)	perangkap	[praŋkap]
cair na armadilha	terperangkap	[tɛrpraŋkap]
pôr a armadilha	memasang perangkap	[mɛmasaŋ praŋkap]

caçador (m) furtivo	pemburu haram	[pɛmburu haram]
caça (animais)	burung buruan	[buruŋ buruan]
cão (m) de caça	anjing pemburu	[andʒiŋ pɛmburu]
safári (m)	safari	[safari]
animal (m) empalhado	bentuk binatang	[bɛntuk binataŋ]

pescador (m)	nelayan	[nɛlajan]
pesca (f)	memancing ikan	[mɛmantʃiŋ ikan]
pescar (vt)	memancing	[mɛmantʃiŋ]

vara (f) de pesca	pancing	[pantʃiŋ]
linha (f) de pesca	tali pancing	[tali pantʃiŋ]
anzol (m)	kail	[kail]
boia (f), flutuador (m)	pelambung	[pɛlambuŋ]
isca (f)	umpan	[umpan]

lançar a linha	melemparkan tali pancing	[mɛlemparkan tali pantʃiŋ]
morder (peixe)	mengena	[mɛŋɛna]
pesca (f)	hasil tangkapan	[hasil taŋkapan]
buraco (m) no gelo	lubang ais	[lubaŋ ajs]

rede (f)	jala	[dʒala]
barco (m)	perahu	[prahu]
pescar com rede	menangkap dengan jala	[mɛnaŋkap dɛŋan dʒala]
lançar a rede	menabur jala	[mɛnabur dʒala]
puxar a rede	menarik jala	[mɛnarik dʒala]
cair na rede	tertangkap dalam jala	[tɛrtaŋkap dalam dʒala]

baleeiro (m)	pemburu ikan paus	[pɛmburu ikan paus]
baleeira (f)	kapal pemburu ikan paus	[kapal pɛmburu ikan paus]
arpão (m)	tempuling	[tɛmpuliŋ]

134. Jogos. Bilhar

bilhar (m)	biliard	[biliard]
sala (f) de bilhar	bilik biliard	[bilik biliard]
bola (f) de bilhar	bola biliard	[bola biliard]
embolsar uma bola	memasukkan bola	[mɛmasukkan bola]
taco (m)	kiu	[kiu]
caçapa (f)	poket	[poket]

135. Jogos. Jogar cartas

ouros (m pl)	daiman	[dajman]
espadas (f pl)	sped	[sped]
copas (f pl)	lekuk	[lɛkuk]
paus (m pl)	kelawar	[kɛlavar]
ás (m)	sat	[sat]
rei (m)	raja	[radʒa]
dama (f), rainha (f)	ratu	[ratu]
valete (m)	pekak	[pekak]
carta (f) de jogar	daun terup	[daun tɛrup]
cartas (f pl)	daun terup	[daun tɛrup]
trunfo (m)	terup	[tɛrup]
baralho (m)	pek	[pek]
ponto (m)	mata	[mata]
dar, distribuir (vt)	membahagi-bahagikan	[mɛmbahagi bahagikan]
embaralhar (vt)	mengocok	[mɛŋotʃok]
vez, jogada (f)	langkah	[laŋkah]
trapaceiro (m)	pemain yang curang	[pɛmajn jaŋ tʃuraŋ]

136. Descanso. Jogos. Diversos

passear (vi)	bersiar-siar	[bɛrsiar siar]
passeio (m)	bersiar-siar	[bɛrsiar siar]
viagem (f) de carro	perjalanan	[pɛrdʒalanan]
aventura (f)	petualangan	[pɛtualaŋan]
piquenique (m)	kelah	[kelah]
jogo (m)	permainan	[pɛrmajnan]
jogador (m)	pemain	[pɛmajn]
partida (f)	permainan	[pɛrmajnan]
colecionador (m)	pengumpul	[pɛŋumpul]
colecionar (vt)	mengumpulkan	[mɛŋumpulkan]
coleção (f)	kumpulan	[kumpulan]
palavras (f pl) cruzadas	tekata	[tɛkata]
hipódromo (m)	padang lumba kuda	[padaŋ lumba kuda]

discoteca (f)	disko	[disko]
sauna (f)	sauna	[sauna]
loteria (f)	loteri	[lotɛri]

campismo (m)	darmawisata	[darmavisata]
acampamento (m)	perkemahan	[pɛrχemahan]
barraca (f)	khemah	[χemah]
bússola (f)	pedoman	[pedoman]
campista (m)	pekhemah	[peχemah]

ver (vt), assistir à ...	menonton	[mɛnonton]
telespectador (m)	penonton televisyen	[pɛnonton televiʃɛn]
programa (m) de TV	tayangan TV	[tajaŋan tivi]

137. Fotografia

| máquina (f) fotográfica | kamera foto | [kamera foto] |
| foto, fotografia (f) | fotografi | [fotografi] |

fotógrafo (m)	jurugambar	[dʒurugambar]
estúdio (m) fotográfico	studio foto	[studio foto]
álbum (m) de fotografias	album foto	[album foto]

lente (f) fotográfica	kanta fotografi	[kanta fotografi]
lente (f) teleobjetiva	kanta telefoto	[kanta telefoto]
filtro (m)	penapis	[pɛnapis]
lente (f)	kanta	[kanta]

ótica (f)	barang optik	[baraŋ optik]
abertura (f)	bukaan lensa	[bukaan lensa]
exposição (f)	dedahan cahaya	[dɛdahan ʧahaja]
visor (m)	tingkap penenang	[tiŋkap pɛnɛnaŋ]

câmera (f) digital	kamera digital	[kamera digital]
tripé (m)	kekaki	[kɛkaki]
flash (m)	lampu denyar	[lampu dɛnjar]

fotografar (vt)	mengambil gambar	[mɛŋambil gambar]
tirar fotos	mengambil gambar	[mɛŋambil gambar]
fotografar-se (vr)	bergambar	[bɛrgambar]

foco (m)	fokus	[fokus]
focar (vt)	melaraskan kanta	[mɛlaraskan kanta]
nítido (adj)	jelas	[dʒɛlas]
nitidez (f)	jelasnya	[dʒɛlasnja]

| contraste (m) | kontras | [kontras] |
| contrastante (adj) | kontras | [kontras] |

retrato (m)	gambar foto	[gambar foto]
negativo (m)	negatif	[negatif]
filme (m)	filem	[filɛm]
fotograma (m)	gambar pegun	[gambar pɛgun]
imprimir (vt)	mencetak	[mɛnʧetak]

138. Praia. Natação

praia (f)	pantai	[pantaj]
areia (f)	pasir	[pasir]
deserto (adj)	lengang	[lɛŋaŋ]

bronzeado (m)	hitam legam kerana berjemur	[hitam lɛgam krana bɛrdʒɛmur]
bronzear-se (vr)	berjemur	[bɛrdʒɛmur]
bronzeado (adj)	hitam legam kerana berjemur	[hitam lɛgam krana bɛrdʒɛmur]
protetor (m) solar	krim pelindung cahaya matahari	[krim pɛlinduŋ ʧahaja matahari]

biquíni (m)	bikini	[bikini]
maiô (m)	pakaian renang	[pakajan rɛnaŋ]
calção (m) de banho	seluar renang	[sɛluar rɛnaŋ]

piscina (f)	kolam renang	[kolam rɛnaŋ]
nadar (vi)	berenang	[bɛrɛnaŋ]
chuveiro (m), ducha (f)	pancuran mandi	[panʧuran mandi]
mudar, trocar (vt)	bersalin	[bɛrsalin]
toalha (f)	tuala	[tuala]

| barco (m) | perahu | [prahu] |
| lancha (f) | motobot | [motobot] |

esqui (m) aquático	ski air	[ski air]
barco (m) de pedais	bot kayuh	[bot kajuh]
surf, surfe (m)	berselancar	[bɛrsɛlanʧar]
surfista (m)	peselancar	[pɛsɛlanʧar]

equipamento (m) de mergulho	akualang	[akualaŋ]
pé (m pl) de pato	kaki sirip getah	[kaki sirip gɛtah]
máscara (f)	topeng	[topeŋ]
mergulhador (m)	penyelam	[pɛnjelam]
mergulhar (vi)	menyelam	[mɛnjelam]
debaixo d'água	di bawah air	[di bavah air]

guarda-sol (m)	payung	[pajuŋ]
espreguiçadeira (f)	kerusi anduh	[krusi anduh]
óculos (m pl) de sol	kaca mata hitam	[kaʧa mata hitam]
colchão (m) de ar	tilam angin	[tilam aŋin]

| brincar (vi) | bermain | [bɛrmajn] |
| ir nadar | mandi | [mandi] |

bola (f) de praia	bola	[bola]
encher (vt)	meniup	[mɛniup]
inflável (adj)	geleca udara	[gɛlɛʧa udara]

onda (f)	gelombang	[gɛlombaŋ]
boia (f)	boya	[boja]
afogar-se (vr)	mati lemas	[mati lɛmas]
salvar (vt)	menyelamatkan	[mɛnjelamatkan]

colete (m) salva-vidas	jaket keselamatan	[dʒaket kɛsɛlamatan]
observar (vt)	menyaksikan	[mɛnjaksikan]
salva-vidas (pessoa)	penyelamat	[pɛnjelamat]

EQUIPAMENTO TÉCNICO. TRANSPORTES

Equipamento técnico. Transportes

139. Computador

computador (m)	komputer	[komputɛr]
computador (m) portátil	komputer riba	[komputɛr riba]
ligar (vt)	menghidupkan	[mɛŋɣidupkan]
desligar (vt)	mematikan	[mɛmatikan]
teclado (m)	papan kekunci	[papan kɛkunʧi]
tecla (f)	kekunci	[kɛkunʧi]
mouse (m)	tetikus	[tɛtikus]
tapete (m) para mouse	alas tetikus	[alas tɛtikus]
botão (m)	tombol	[tombol]
cursor (m)	kursor	[kursor]
monitor (m)	monitor	[monitor]
tela (f)	layar perak	[lajar perak]
disco (m) rígido	cakera keras	[ʧakra kras]
capacidade (f) do disco rígido	kapasiti storan cakera keras	[kapasiti storan ʧakra kras]
memória (f)	ingatan, memori	[iŋatan], [memori]
memória RAM (f)	ingatan capaian rawak	[iŋatan ʧapajan ravak]
arquivo (m)	fail	[fajl]
pasta (f)	folder	[foldɛr]
abrir (vt)	membuka	[mɛmbuka]
fechar (vt)	menutup	[mɛnutup]
salvar (vt)	simpan	[simpan]
deletar (vt)	hapus	[hapus]
copiar (vt)	menyalin	[mɛnjalin]
ordenar (vt)	mangasih	[maŋasih]
copiar (vt)	menyalin	[mɛnjalin]
programa (m)	aplikasi	[aplikasi]
software (m)	perisian	[pɛrisian]
programador (m)	juruprogram	[ʤuruprogram]
programar (vt)	memprogram	[mɛmprogram]
hacker (m)	penggodam	[pɛŋgodam]
senha (f)	kata laluan	[kata laluan]
vírus (m)	virus	[virus]
detectar (vt)	menemui	[mɛnɛmui]

| byte (m) | bait | [bajt] |
| megabyte (m) | megabait | [megabajt] |

| dados (m pl) | data | [data] |
| base (f) de dados | pangkalan data | [paŋkalan data] |

cabo (m)	kabel	[kabɛl]
desconectar (vt)	mencabut palam	[mɛntʃabut palam]
conectar (vt)	menyambung	[mɛnjambuŋ]

140. Internet. E-mail

internet (f)	Internet	[intɛrnet]
browser (m)	browser	[brausur]
motor (m) de busca	enjin carian	[endʒin tʃarian]
provedor (m)	penyedia perkhidmatan	[pɛnjedia pɛrχidmatan]

webmaster (m)	webmaster	[vebmaster]
website (m)	laman sesawang	[laman sɛsavaŋ]
web page (f)	laman sesawang	[laman sɛsavaŋ]

| endereço (m) | alamat | [alamat] |
| livro (m) de endereços | buku alamat | [buku alamat] |

caixa (f) de correio	peti surat	[pɛti surat]
correio (m)	mel	[mel]
cheia (caixa de correio)	penuh	[pɛnuh]

mensagem (f)	pesanan	[pɛsanan]
mensagens (f pl) recebidas	mesej masuk	[mesedʒ masuk]
mensagens (f pl) enviadas	mesej keluar	[mesedʒ kɛluar]

remetente (m)	pengirim	[pɛŋirim]
enviar (vt)	mengirim	[mɛŋirim]
envio (m)	pengiriman	[pɛŋiriman]

| destinatário (m) | penerima | [pɛnɛrima] |
| receber (vt) | menerima | [mɛnɛrima] |

| correspondência (f) | surat-menyurat | [surat mɛnjurat] |
| corresponder-se (vr) | surat-menyurat | [surat mɛnjurat] |

arquivo (m)	fail	[fajl]
fazer download, baixar (vt)	muat turun	[muat turun]
criar (vt)	menciptakan	[mɛntʃiptakan]
deletar (vt)	hapus	[hapus]
deletado (adj)	dihapus	[dihapus]

conexão (f)	perhubungan	[pɛrhubuŋan]
velocidade (f)	kecepatan	[kɛtʃɛpatan]
modem (m)	modem	[modem]
acesso (m)	akses	[aksɛs]
porta (f)	port	[port]
conexão (f)	sambungan	[sambuŋan]

conectar (vi)	**menyambung**	[mɛnjambuŋ]
escolher (vt)	**memilih**	[mɛmilih]
buscar (vt)	**mencari**	[mɛntʃari]

Transportes

141. Avião

avião (m)	kapal terbang	[kapal tɛrbaŋ]
passagem (f) aérea	tiket kapal terbang	[tiket kapal tɛrbaŋ]
companhia (f) aérea	syarikat penerbangan	[ɕarikat pɛnɛrbaŋan]
aeroporto (m)	lapangan terbang	[lapaŋan tɛrbaŋ]
supersônico (adj)	supersonik	[supersonik]
comandante (m) do avião	kapten kapal	[kaptɛn kapal]
tripulação (f)	anak buah	[anak buah]
piloto (m)	juruterbang	[dʒurutɛrbaŋ]
aeromoça (f)	pramugari	[pramugari]
copiloto (m)	pemandu	[pɛmandu]
asas (f pl)	sayap	[sajap]
cauda (f)	ekor	[ekor]
cabine (f)	kokpit	[kokpit]
motor (m)	enjin	[endʒin]
trem (m) de pouso	roda pendarat	[roda pɛndarat]
turbina (f)	turbin	[turbin]
hélice (f)	baling-baling	[baliŋ baliŋ]
caixa-preta (f)	kotak hitam	[kotak hitam]
coluna (f) de controle	kemudi	[kɛmudi]
combustível (m)	bahan bakar	[bahan bakar]
instruções (f pl) de segurança	kad keselamatan	[kad kɛsɛlamatan]
máscara (f) de oxigênio	topeng oksigen	[topeŋ oksigɛn]
uniforme (m)	pakaian seragam	[pakajan sɛragam]
colete (m) salva-vidas	jaket keselamatan	[dʒaket kɛsɛlamatan]
paraquedas (m)	payung terjun	[pajuŋ tɛrdʒun]
decolagem (f)	berlepas	[bɛrlɛpas]
descolar (vi)	berlepas	[bɛrlɛpas]
pista (f) de decolagem	landasan berlepas	[landasan bɛrlɛpas]
visibilidade (f)	darjah penglihatan	[dardʒah pɛŋlihatan]
voo (m)	penerbangan	[pɛnɛrbaŋan]
altura (f)	ketinggian	[kɛtiŋgian]
poço (m) de ar	lubang udara	[lubaŋ udara]
assento (m)	tempat duduk	[tɛmpat duduk]
fone (m) de ouvido	pendengar telinga	[pɛndɛŋar tɛliŋa]
mesa (f) retrátil	meja lipat	[medʒa lipat]
janela (f)	tingkap kapal terbang	[tiŋkap kapal tɛrbaŋ]
corredor (m)	laluan	[laluan]

142. Comboio

trem (m)	kereta api	[kreta api]
trem (m) elétrico	tren elektrik	[tren elektrik]
trem (m)	kereta api cepat	[kreta api ʧɛpat]
locomotiva (f) diesel	lokomotif	[lokomotif]
locomotiva (f) a vapor	kereta api	[kreta api]
vagão (f) de passageiros	gerabak penumpang	[gɛrabak pɛnumpaŋ]
vagão-restaurante (m)	gerabak makan minum	[gɛrabak makan minum]
carris (m pl)	rel	[rel]
estrada (f) de ferro	jalan kereta api	[dʒalan kreta api]
travessa (f)	kayu landas	[kaju landas]
plataforma (f)	platform	[platform]
linha (f)	trek landasan	[trek landasan]
semáforo (m)	lampu isyarat	[lampu iɕarat]
estação (f)	stesen	[stesen]
maquinista (m)	pemandu kereta api	[pɛmandu kreta api]
bagageiro (m)	porter	[portɛr]
hospedeiro, -a (m, f)	konduktor kereta api	[konduktor kreta api]
passageiro (m)	penumpang	[pɛnumpaŋ]
revisor (m)	konduktor	[konduktor]
corredor (m)	koridor	[koridor]
freio (m) de emergência	brek kecemasan	[brek kɛʧɛmasan]
compartimento (m)	petak gerabak	[petak gɛrabak]
cama (f)	bangku	[baŋku]
cama (f) de cima	bangku atas	[baŋku atas]
cama (f) de baixo	bangku bawah	[baŋku bavah]
roupa (f) de cama	linen	[linen]
passagem (f)	tiket	[tiket]
horário (m)	jadual waktu	[dʒadual vaktu]
painel (m) de informação	paparan jadual	[paparan dʒadual]
partir (vt)	berlepas	[bɛrlɛpas]
partida (f)	perlepasan	[pɛrlɛpasan]
chegar (vi)	tiba	[tiba]
chegada (f)	ketibaan	[kɛtibaan]
chegar de trem	datang naik kereta api	[dataŋ naik kreta api]
pegar o trem	naik kereta api	[naik kreta api]
descer de trem	turun kereta api	[turun kreta api]
acidente (m) ferroviário	kemalangan	[kɛmalaŋan]
descarrilar (vi)	keluar rel	[kɛluar rel]
locomotiva (f) a vapor	kereta api	[kreta api]
foguista (m)	tukang api	[tukaŋ api]
fornalha (f)	tungku	[tuŋku]
carvão (m)	arang	[araŋ]

143. Barco

navio (m)	kapal	[kapal]
embarcação (f)	kapal	[kapal]
barco (m) a vapor	kapal api	[kapal api]
barco (m) fluvial	kapal	[kapal]
transatlântico (m)	kapal laut	[kapal laut]
cruzeiro (m)	kapal penjelajah	[kapal pɛndʒɛladʒah]
iate (m)	kapal persiaran	[kapal pɛrsiaran]
rebocador (m)	kapal tunda	[kapal tunda]
barcaça (f)	tongkang	[toŋkaŋ]
ferry (m)	feri	[feri]
veleiro (m)	kapal layar	[kapal lajar]
bergantim (m)	kapal brigantine	[kapal brigantinɛ]
quebra-gelo (m)	kapal pemecah ais	[kapal pɛmɛtʃah ajs]
submarino (m)	kapal selam	[kapal sɛlam]
bote, barco (m)	perahu	[prahu]
baleeira (bote salva-vidas)	sekoci	[sɛkotʃi]
bote (m) salva-vidas	sekoci penyelamat	[sɛkotʃi pɛnjelamat]
lancha (f)	motobot	[motobot]
capitão (m)	kapten	[kaptɛn]
marinheiro (m)	kelasi	[kɛlasi]
marujo (m)	pelaut	[pɛlaut]
tripulação (f)	anak buah	[anak buah]
contramestre (m)	nakhoda	[naχoda]
grumete (m)	kadet kapal	[kadet kapal]
cozinheiro (m) de bordo	tukang masak	[tukaŋ masak]
médico (m) de bordo	doktor kapal	[doktor kapal]
convés (m)	dek	[dek]
mastro (m)	tiang	[tiaŋ]
vela (f)	layar	[lajar]
porão (m)	palka	[palka]
proa (f)	haluan	[haluan]
popa (f)	buritan	[buritan]
remo (m)	kayuh	[kajuh]
hélice (f)	baling-baling	[baliŋ baliŋ]
cabine (m)	kabin, bilik	[kabin], [bilik]
sala (f) dos oficiais	bilik pegawai kapal	[bilik pɛgavaj kapal]
sala (f) das máquinas	bilik enjin	[bilik endʒin]
ponte (m) de comando	anjungan kapal	[andʒuŋan kapal]
sala (f) de comunicações	bilik siaran radio	[bilik siaran radio]
onda (f)	gelombang	[gɛlombaŋ]
diário (m) de bordo	buku log	[buku log]
luneta (f)	teropong kecil	[tɛropoŋ kɛtʃil]
sino (m)	loceng	[lotʃeŋ]

bandeira (f)	bendera	[bɛndera]
cabo (m)	tali	[tali]
nó (m)	simpul	[simpul]

| corrimão (m) | susur tangan | [susur taŋan] |
| prancha (f) de embarque | tangga kapal | [taŋga kapal] |

âncora (f)	sauh	[sauh]
recolher a âncora	mengangkat sauh	[mɛŋaŋkat sauh]
jogar a âncora	berlabuh	[bɛrlabuh]
amarra (corrente de âncora)	rantai sauh	[rantaj sauh]

porto (m)	pelabuhan	[pɛlabuhan]
cais, amarradouro (m)	jeti	[dʒeti]
atracar (vi)	merapat	[mɛrapat]
desatracar (vi)	berlepas	[bɛrlɛpas]

viagem (f)	pengembaraan	[pɛŋɛmbaraan]
cruzeiro (m)	pelayaran pesiaran	[pɛlajaran pɛsiaran]
rumo (m)	haluan	[haluan]
itinerário (m)	laluan	[laluan]

canal (m) de navegação	aluran pelayaran	[aluran pɛlajaran]
banco (m) de areia	beting	[bɛtiŋ]
encalhar (vt)	karam	[karam]

tempestade (f)	badai	[badaj]
sinal (m)	peluit	[pɛluit]
afundar-se (vr)	tenggelam	[tɛŋgɛlam]
Homem ao mar!	Orang jatuh ke laut!	[oraŋ dʒatuh kɛ laut]
SOS	SOS	[sos]
boia (f) salva-vidas	pelambung keselamatan	[pɛlambuŋ kɛsɛlamatan]

144. Aeroporto

aeroporto (m)	lapangan terbang	[lapaŋan tɛrbaŋ]
avião (m)	kapal terbang	[kapal tɛrbaŋ]
companhia (f) aérea	syarikat penerbangan	[ʃarikat pɛnɛrbaŋan]
controlador (m) de tráfego aéreo	pengawal lalu lintas udara	[pɛŋaval lalu lintas udara]

partida (f)	berlepas	[bɛrlɛpas]
chegada (f)	ketibaan	[kɛtibaan]
chegar (vi)	tiba	[tiba]

| hora (f) de partida | waktu berlepas | [vaktu bɛrlɛpas] |
| hora (f) de chegada | waktu ketibaan | [vaktu kɛtibaan] |

| estar atrasado | terlewat | [tɛrlevat] |
| atraso (m) de voo | kelewatan penerbangan | [kelevatan pɛnɛrbaŋan] |

painel (m) de informação	skrin paparan maklumat	[skrin paparan maklumat]
informação (f)	maklumat	[maklumat]
anunciar (vt)	mengumumkan	[mɛŋumumkan]

voo (m)	penerbangan	[pɛnɛrbaŋan]
alfândega (f)	kastam	[kastam]
funcionário (m) da alfândega	anggota kastam	[aŋgota kastam]

declaração (f) alfandegária	ikrar kastam	[ikrar kastam]
preencher (vt)	mengisi	[mɛŋisi]
preencher a declaração	mengisi ikrar kastam	[mɛŋisi ikrar kastam]
controle (m) de passaporte	pemeriksaan pasport	[pɛmɛriksaan pasport]

bagagem (f)	bagasi	[bagasi]
bagagem (f) de mão	bagasi tangan	[bagasi taŋan]
carrinho (m)	troli	[troli]

pouso (m)	pendaratan	[pɛndaratan]
pista (f) de pouso	jalur mendarat	[dʒalur mɛndarat]
aterrissar (vi)	mendarat	[mɛndarat]
escada (f) de avião	tangga kapal terbang	[taŋga kapal tɛrbaŋ]

check-in (m)	pendaftaran	[pɛndaftaran]
balcão (m) do check-in	kaunter daftar masuk	[kauntɛr daftar masuk]
fazer o check-in	berdaftar	[bɛrdaftar]
cartão (m) de embarque	pas masuk	[pas masuk]
portão (m) de embarque	pintu berlepas	[pintu bɛrlɛpas]

trânsito (m)	transit	[transit]
esperar (vi, vt)	menunggu	[mɛnuŋgu]
sala (f) de espera	balai menunggu	[balaj mɛnuŋgu]
despedir-se (acompanhar)	menghantarkan	[mɛŋγantarkan]
despedir-se (dizer adeus)	minta diri	[minta diri]

145. Bicicleta. Motocicleta

bicicleta (f)	basikal	[basikal]
lambreta (f)	skuter	[skutɛr]
moto (f)	motosikal	[motosikal]

ir de bicicleta	naik basikal	[naik basikal]
guidão (m)	kemudi	[kɛmudi]
pedal (m)	pedal	[pedal]
freios (m pl)	brek	[brek]
banco, selim (m)	pelana	[pɛlana]

bomba (f)	pam	[pam]
bagageiro (m) de teto	tempat bagasi	[tɛmpat bagasi]
lanterna (f)	lampu depan basikal	[lampu dɛpan basikal]
capacete (m)	helmet	[helmet]

roda (f)	roda	[roda]
para-choque (m)	dapra	[dapra]
aro (m)	rim	[rim]
raio (m)	jejari	[dʒɛdʒari]

Carros

146. Tipos de carros

carro, automóvel (m)	kereta	[kreta]
carro (m) esportivo	kereta sukan	[kreta sukan]
limusine (f)	limusin	[limusin]
todo o terreno (m)	kenderaan pacuan empat roda	[kɛndraan paʧuan ɛmpat roda]
conversível (m)	kereta cabriolet	[kreta kabriolet]
minibus (m)	bas mini	[bas mini]
ambulância (f)	ambulans	[ambulans]
limpa-neve (m)	jentolak salji	[ʤɛntolak salʤi]
caminhão (m)	lori	[lori]
caminhão-tanque (m)	lori tangki minyak	[lori taŋki minjak]
perua, van (f)	van	[van]
caminhão-trator (m)	jentarik	[ʤɛntarik]
reboque (m)	treler	[trelɛr]
confortável (adj)	selesa	[sɛlesa]
usado (adj)	terpakai	[tɛrpakaj]

147. Carros. Carroçaria

capô (m)	bonet	[bonet]
para-choque (m)	dapra	[dapra]
teto (m)	bumbung	[bumbuŋ]
para-brisa (m)	cermin depan	[ʧɛrmin dɛpan]
retrovisor (m)	cermin pandang belakang	[ʧɛrmin pandaŋ blakaŋ]
esguicho (m)	pencuci cermin	[pɛnʧuʧi ʧɛrmin]
limpadores (m) de para-brisas	pengelap cermin depan	[pɛŋɛlap ʧɛrmin dɛpan]
vidro (m) lateral	cermin tingkap sisi	[ʧɛrmin tiŋkap sisi]
elevador (m) do vidro	pemutar tingkap	[pɛmutar tiŋkap]
antena (f)	aerial	[aerial]
teto (m) solar	tingkap bumbung	[tiŋkap bumbuŋ]
para-choque (m)	bampar	[bampar]
porta-malas (f)	but kereta	[but kreta]
bagageira (f)	rak bumbung	[rak bumbuŋ]
porta (f)	pintu kecil	[pintu kɛʧil]
maçaneta (f)	tangkai	[taŋkaj]
fechadura (f)	kunci	[kunʧi]
placa (f)	nombor plat	[nombor plat]

silenciador (m)	peredam bunyi	[pɛrɛdam bunji]
tanque (m) de gasolina	tangki minyak	[taŋki minjak]
tubo (m) de exaustão	paip ekzos	[pajp ekzos]

acelerador (m)	pemecut	[pɛmɛtʃut]
pedal (m)	pedal	[pedal]
pedal (m) do acelerador	pedal pemecut	[pedal pɛmɛtʃut]

freio (m)	brek	[brek]
pedal (m) do freio	pedal brek	[pedal brek]
frear (vt)	membrek	[mɛmbrek]
freio (m) de mão	brek tangan	[brek taŋan]

embreagem (f)	klac	[klatʃ]
pedal (m) da embreagem	pedal klac	[pedal klatʃ]
disco (m) de embreagem	piring klac	[piriŋ klatʃ]
amortecedor (m)	penyerap kejutan	[pɛnjerap kɛdʒutan]

roda (f)	roda	[roda]
pneu (m) estepe	tayar ganti	[tajar ganti]
pneu (m)	tayar	[tajar]
calota (f)	tutup hab	[tutup hab]

rodas (f pl) motrizes	pemacu roda	[pɛmatʃu roda]
de tração dianteira	pacuan depan	[patʃuan dɛpan]
de tração traseira	pacuan belakang	[patʃuan blakaŋ]
de tração às 4 rodas	pacuan semua roda	[patʃuan sɛmua roda]

caixa (f) de mudanças	kotak gear	[kotak gear]
automático (adj)	automatik	[automatik]
mecânico (adj)	mekanikal	[mekanikal]
alavanca (f) de câmbio	batang gear	[bataŋ gear]

| farol (m) | lampu besar | [lampu bɛsar] |
| faróis (m pl) | sinar lampu besar | [sinar lampu bɛsar] |

farol (m) baixo	lampu jarak dekat	[lampu dʒarak dɛkat]
farol (m) alto	lampujarak jauh	[lampu dʒarak dʒauh]
luzes (f pl) de parada	lampu brek	[lampu brek]

luzes (f pl) de posição	lampu kecil	[lampu kɛtʃil]
luzes (f pl) de emergência	lampu kecemasan	[lampu ketʃɛmasan]
faróis (m pl) de neblina	lampu kabus	[lampu kabus]
pisca-pisca (m)	petunjuk arah belokan	[pɛtundʒuk arah blokan]
luz (f) de marcha ré	lampu mundur	[lampu mundur]

148. Carros. Habitáculo

interior (do carro)	bahagian dalam kereta	[bahagian dalam kreta]
de couro	kulit	[kulit]
de veludo	velour	[velur]
estofamento (m)	kain upholsteri	[kain apholsteri]
indicador (m)	alat, perkakas	[alat], [pɛrkakas]
painel (m)	papan pemuka	[papan pɛmuka]

| velocímetro (m) | meter laju | [metɛr ladʒu] |
| ponteiro (m) | jarum | [dʒarum] |

hodômetro, odômetro (m)	odometer	[odometɛr]
indicador (m)	lampu penunjuk	[lampu pɛnundʒuk]
nível (m)	paras	[paras]
luz (f) de aviso	lampu amaran	[lampu amaran]

volante (m)	kemudi	[kɛmudi]
buzina (f)	hon	[hon]
botão (m)	tombol	[tombol]
interruptor (m)	suis	[suis]

assento (m)	tempat duduk	[tɛmpat duduk]
costas (f pl) do assento	sandaran	[sandaran]
cabeceira (f)	sandaran kepala	[sandaran kɛpala]
cinto (m) de segurança	tali pinggang keledar	[tali piŋgaŋ kɛledar]
apertar o cinto	memasang tali pinggang keselamatan	[mɛmasaŋ tali piŋgaŋ kɛsɛlamatan]
ajuste (m)	pengaturan	[pɛŋaturan]

| airbag (m) | beg udara | [beg udara] |
| ar (m) condicionado | penghawa dingin | [pɛŋava diŋin] |

rádio (m)	radio	[radio]
leitor (m) de CD	pemain CD	[pɛmajn si di]
ligar (vt)	menghidupkan	[mɛŋɣidupkan]
antena (f)	aerial	[aerial]
porta-luvas (m)	laci kereta	[latʃi kreta]
cinzeiro (m)	tempat abu rokok	[tɛmpat abu rokok]

149. Carros. Motor

motor (m)	enjin	[endʒin]
motor (m)	motor	[motor]
a diesel	diesel	[disel]
a gasolina	minyak	[minjak]

cilindrada (f)	isi padu enjin	[isi padu ɛndʒin]
potência (f)	kekuatan	[kɛkuatan]
cavalo (m) de potência	kuasa kuda	[kuasa kuda]
pistão (m)	omboh	[omboh]
cilindro (m)	kebuk	[kɛbuk]
válvula (f)	injap	[indʒap]

injetor (m)	injektor	[indʒektor]
gerador (m)	jana kuasa	[dʒana kuasa]
carburador (m)	karburetor	[karburetor]
óleo (m) de motor	minyak enjin	[minjak endʒin]

radiador (m)	radiator	[radiator]
líquido (m) de arrefecimento	cecair penyejuk	[tʃɛtʃair pɛnjedʒuk]
ventilador (m)	kipas angin	[kipas aŋin]
bateria (f)	bateri	[batɛri]

dispositivo (m) de arranque	pemula	[pɛmula]
ignição (f)	pencucuhan	[pɛntʃutʃuhan]
vela (f) de ignição	palam pencucuh	[palam pɛntʃutʃuh]

terminal (m)	pangkalan	[paŋkalan]
terminal (m) positivo	pangkalan plus	[paŋkalan plus]
terminal (m) negativo	pangkalan minus	[paŋkalan minus]
fusível (m)	fius	[fius]

filtro (m) de ar	turas udara	[turas udara]
filtro (m) de óleo	turas minyak	[turas minjak]
filtro (m) de combustível	penuras bahan bakar	[pɛnuras bahan bakar]

150. Carros. Batidas. Reparação

acidente (m) de carro	kemalangan	[kɛmalaŋan]
acidente (m) rodoviário	nahas jalan	[nahas dʒalan]
bater (~ num muro)	melanggar	[mɛlaŋgar]
sofrer um acidente	remuk kerana kemalangan	[rɛmuk krana kɛmalaŋan]
dano (m)	kerosakan	[kɛrosakan]
intato	tidak tersentuh	[tidak tɛrsɛntuh]

pane (f)	kerosakan	[kɛrosakan]
avariar (vi)	patah	[patah]
cabo (m) de reboque	tali tunda	[tali tunda]

furo (m)	pancit	[pantʃit]
estar furado	pancit	[pantʃit]
encher (vt)	meniup	[mɛniup]
pressão (f)	tekanan	[tɛkanan]
verificar (vt)	memeriksa	[mɛmɛriksa]

reparo (m)	pembaikan	[pɛmbaikan]
oficina (f) automotiva	bengkel servis kereta	[bɛŋkel sɛrvis kreta]
peça (f) de reposição	alat ganti	[alat ganti]
peça (f)	barang ganti	[baraŋ ganti]

parafuso (com porca)	bolt	[bolt]
parafuso (m)	skru	[skru]
porca (f)	nat	[nat]
arruela (f)	sesendal	[sɛsɛndal]
rolamento (m)	alas	[alas]

tubo (m)	paip	[pajp]
junta, gaxeta (f)	pelapik	[pɛlapik]
fio, cabo (m)	kawat, wayar	[kavat], [vajar]

macaco (m)	bicu	[bitʃu]
chave (f) de boca	sepana	[sɛpana]
martelo (m)	tukul	[tukul]
bomba (f)	pam	[pam]
chave (f) de fenda	pemutar skru	[pɛmutar skru]
extintor (m)	pemadam api	[pɛmadam api]
triângulo (m) de emergência	segi tiga pengaman	[sɛgi tiga pɛŋaman]

morrer (motor)	mati	[mati]
paragem, "morte" (f)	matinya	[matinja]
estar quebrado	rosak	[rosak]

superaquecer-se (vr)	menjadi terlampau panas	[mɛndʒadi tɛrlampau panas]
entupir-se (vr)	tersumbat	[tɛrsumbat]
congelar-se (vr)	tersumbat akibat ais	[tɛrsumbat akibat ajs]
rebentar (vi)	pecah	[pɛtʃah]

pressão (f)	tekanan	[tɛkanan]
nível (m)	paras	[paras]
frouxo (adj)	longgar	[loŋgar]

batida (f)	kemik	[kemik]
ruído (m)	ketukan	[kɛtukan]
fissura (f)	retakan	[rɛtakan]
arranhão (m)	calar	[tʃalar]

151. Carros. Estrada

estrada (f)	jalan	[dʒalan]
autoestrada (f)	lebuh raya	[lɛbuh raja]
rodovia (f)	jalan raya	[dʒalan raja]
direção (f)	halatuju	[halatudʒu]
distância (f)	jarak	[dʒarak]

ponte (f)	jambatan	[dʒambatan]
parque (m) de estacionamento	tempat letak	[tɛmpat lɛtak]
praça (f)	dataran	[dataran]
nó (m) rodoviário	persimpangan	[pɛrsimpaŋan]
túnel (m)	terowongan	[tɛrovoŋan]

posto (m) de gasolina	pam minyak	[pam minjak]
parque (m) de estacionamento	tempat letak kereta	[tɛmpat lɛtak kreta]
bomba (f) de gasolina	pam minyak	[pam minjak]
oficina (f) automotiva	bengkel servis kereta	[beŋkel sɛrvis kreta]
abastecer (vt)	mengisi	[mɛŋisi]
combustível (m)	bahan bakar	[bahan bakar]
galão (m) de gasolina	tin	[tin]

asfalto (m)	turap	[turap]
marcação (f) de estradas	penandaan jalan	[pɛnandaan dʒalan]
meio-fio (m)	bebendul jalan	[bɛbɛndul dʒalan]
guard-rail (m)	pagar	[pagar]
valeta (f)	longkang	[loŋkaŋ]
acostamento (m)	bahu jalan	[bahu dʒalan]
poste (m) de luz	tiang	[tiaŋ]

dirigir (vt)	memandu	[mɛmandu]
virar (~ para a direita)	membelok	[mɛmblok]
dar retorno	membuat pusingan U	[mɛmbuat pusiŋan ju]
ré (f)	mundur	[mundur]
buzinar (vi)	membunyikan hon	[mɛmbunjikan hon]
buzina (f)	bunyi hon	[bunji hon]

atolar-se (vr)	terkandas	[tɛrkandas]
patinar (na lama)	berputar-putar	[bɛrputar putar]
desligar (vt)	mematikan	[mɛmatikan]
velocidade (f)	kecepatan	[kɛtʃɛpatan]
exceder a velocidade	melebihi had laju	[mɛlɛbihi had ladʒu]
multar (vt)	mendenda	[mɛndɛnda]
semáforo (m)	lampu isyarat	[lampu içarat]
carteira (f) de motorista	lesen mengemudi	[lesen mɛŋɛmudi]
passagem (f) de nível	lintasan	[lintasan]
cruzamento (m)	persimpangan	[pɛrsimpaŋan]
faixa (f)	lintasan pejalan kaki	[lintasan pɛdʒalan kaki]
curva (f)	belokan	[blokan]
zona (f) de pedestres	kawasan pejalan kaki	[kavasan pɛdʒalan kaki]

PESSOAS. EVENTOS

Eventos

152. Férias. Evento

festa (f)	perayaan	[pɛrajaan]
feriado (m) nacional	hari kebangsaan	[hari kɛbaŋsaan]
feriado (m)	cuti umum	[ʧuti umum]
festejar (vt)	merayakan	[mɛrajakan]

evento (festa, etc.)	peristiwa	[pɛristiva]
evento (banquete, etc.)	acara	[aʧara]
banquete (m)	bankuet	[baŋkuet]
recepção (f)	jamuan makan	[dʒamuan makan]
festim (m)	kenduri	[kɛnduri]

aniversário (m)	ulang tahun	[ulaŋ tahun]
jubileu (m)	jubli	[dʒubli]
celebrar (vt)	menyambut	[mɛnjambut]

Ano (m) Novo	Tahun Baru	[tahun baru]
Feliz Ano Novo!	Selamat Tahun Baru!	[sɛlamat tahun baru]
Papai Noel (m)	Santa Klaus	[santa klaus]

Natal (m)	Krismas	[krismas]
Feliz Natal!	Selamat Hari Krismas!	[sɛlamat hari krismas]
árvore (f) de Natal	pokok Krismas	[pokok krismas]
fogos (m pl) de artifício	pertunjukan bunga api	[pɛrtundʒukan buŋa api]

casamento (m)	majlis perkahwinan	[madʒlis pɛrkahvinan]
noivo (m)	pengantin lelaki	[pɛŋantin lɛlaki]
noiva (f)	pengantin perempuan	[pɛŋantin pɛrɛmpuan]

convidar (vt)	menjemput	[mɛndʒɛmput]
convite (m)	kad jemputan	[kad dʒɛmputan]

convidado (m)	tamu	[tamu]
visitar (vt)	berkunjung	[bɛrkundʒuŋ]
receber os convidados	menyambut tamu	[mɛnjambut tamu]

presente (m)	hadiah	[hadiah]
oferecer, dar (vt)	menghadiahkan	[mɛnɣadiahkan]
receber presentes	menerima hadiah	[mɛnɛrima hadiah]
buquê (m) de flores	jambak bunga	[dʒambak buŋa]

felicitações (f pl)	ucapan selamat	[uʧapan sɛlamat]
felicitar (vt)	mengucapkan selamat	[mɛŋuʧapkan sɛlamat]
cartão (m) de parabéns	kad ucapan selamat	[kad uʧapan sɛlamat]

| enviar um cartão postal | mengirim poskad | [mɛŋirim poskad] |
| receber um cartão postal | menerima poskad | [mɛnɛrima poskad] |

brinde (m)	roti bakar	[roti bakar]
oferecer (vt)	menjamu	[mɛndʒamu]
champanhe (m)	champagne	[ʃampejn]

divertir-se (vr)	bersuka ria	[bɛrsuka ria]
diversão (f)	keriangan	[kɛriaŋan]
alegria (f)	kegembiraan	[kɛgɛmbiraan]

| dança (f) | tarian | [tarian] |
| dançar (vi) | menari | [mɛnari] |

| valsa (f) | waltz | [volts] |
| tango (m) | tango | [taŋo] |

153. Funerais. Enterro

cemitério (m)	tanah perkuburan	[tanah pɛrkuburan]
sepultura (f), túmulo (m)	makam	[makam]
cruz (f)	salib	[salib]
lápide (f)	batu nisan	[batu nisan]
cerca (f)	pagar	[pagar]
capela (f)	capel	[tʃapel]

morte (f)	kematian	[kɛmatian]
morrer (vi)	mati, meninggal	[mati], [mɛniŋgal]
defunto (m)	arwah	[arvah]
luto (m)	perkabungan	[pɛrkabuŋan]

enterrar, sepultar (vt)	mengebumikan	[mɛŋɛbumikan]
funerária (f)	rumah urus mayat	[rumah urus majat]
funeral (m)	pemakaman	[pɛmakaman]

coroa (f) de flores	lingkaran bunga	[liŋkaran buŋa]
caixão (m)	keranda	[kranda]
carro (m) funerário	kereta jenazah	[kreta dʒɛnazah]
mortalha (f)	kafan	[kafan]

procissão (f) funerária	perarakan jenazah	[pɛrarakan dʒɛnazah]
urna (f) funerária	bekas simpan abu mayat	[bɛkas simpan abu majat]
crematório (m)	krematorium	[krematorium]

obituário (m), necrologia (f)	berita takziah	[brita takziah]
chorar (vi)	menangis	[mɛnaŋis]
soluçar (vi)	meratap	[mɛratap]

154. Guerra. Soldados

| pelotão (m) | platun | [platun] |
| companhia (f) | kompeni | [kompɛni] |

regimento (m)	rejimen	[redʒimen]
exército (m)	tentera	[tɛntra]
divisão (f)	divisyen	[diviʃɛn]

| esquadrão (m) | pasukan | [pasukan] |
| hoste (f) | tentera | [tɛntra] |

| soldado (m) | perajurit | [pradʒurit] |
| oficial (m) | pegawai | [pɛgavaj] |

soldado (m) raso	prebet	[prebet]
sargento (m)	sarjan	[sardʒan]
tenente (m)	leftenan	[leftɛnan]
capitão (m)	kapten	[kaptɛn]
major (m)	mejar	[medʒar]
coronel (m)	kolonel	[kolonɛl]
general (m)	jeneral	[dʒɛnɛral]

marujo (m)	pelaut	[pɛlaut]
capitão (m)	kapten	[kaptɛn]
contramestre (m)	nakhoda	[naχoda]

artilheiro (m)	anggota artileri	[aŋgota artilɛri]
soldado (m) paraquedista	askar payung terjun	[askar pajuŋ tɛrdʒun]
piloto (m)	juruterbang	[dʒurutɛrbaŋ]
navegador (m)	pemandu	[pɛmandu]
mecânico (m)	mekanik	[mekanik]

sapador-mineiro (m)	askar jurutera	[askar dʒurutra]
paraquedista (m)	ahli payung terjun	[ahli pajuŋ tɛrdʒun]
explorador (m)	pengintip	[pɛŋintip]
atirador (m) de tocaia	penembak curi	[pɛnɛmbak ʧuri]

patrulha (f)	peronda	[pɛronda]
patrulhar (vt)	meronda	[mɛronda]
sentinela (f)	pengawal	[pɛŋaval]

| guerreiro (m) | askar | [askar] |
| patriota (m) | patriot | [patriot] |

| herói (m) | wira | [vira] |
| heroína (f) | srikandi | [srikandi] |

| traidor (m) | pengkhianat | [pɛŋχianat] |
| trair (vt) | mengkhianati | [mɛŋχianati] |

| desertor (m) | pembelot | [pɛmbelot] |
| desertar (vt) | membelot | [mɛmbelot] |

mercenário (m)	askar upahan	[askar upahan]
recruta (m)	rekrut	[rekrut]
voluntário (m)	relawan	[relavan]

morto (m)	terbunuh	[tɛrbunuh]
ferido (m)	orang cedera	[oraŋ ʧedɛra]
prisioneiro (m) de guerra	tawanan	[tavanan]

155. Guerra. Ações militares. Parte 1

guerra (f)	perang	[praŋ]
guerrear (vt)	berperang	[bɛrpraŋ]
guerra (f) civil	perang saudara	[praŋ saudara]

perfidamente	secara khianat	[sɛʧara χianat]
declaração (f) de guerra	pengisytiharan perang	[pɛnjiʃtiharan praŋ]
declarar guerra	mengisytiharkan perang	[mɛnjiʃtiharkan praŋ]
agressão (f)	pencerobohan	[pɛnʧɛrobohan]
atacar (vt)	menyerang	[mɛnjeraŋ]

invadir (vt)	menduduki	[mɛnduduki]
invasor (m)	penduduk	[pɛnduduk]
conquistador (m)	penakluk	[pɛnakluk]

defesa (f)	pertahanan	[pɛrtahanan]
defender (vt)	mempertahankan	[mɛmpɛrtahaŋkan]
defender-se (vr)	bertahan	[bɛrtahan]

inimigo (m)	musuh	[musuh]
adversário (m)	lawan	[lavan]
inimigo (adj)	musuh	[musuh]

estratégia (f)	strategi	[strategi]
tática (f)	taktik	[taktik]

ordem (f)	perintah	[printah]
comando (m)	perintah	[printah]
ordenar (vt)	memerintah	[mɛmɛrintah]
missão (f)	tugas	[tugas]
secreto (adj)	rahsia	[rahsia]

batalha (f), combate (m)	pertempuran	[pɛrtɛmpuran]
ataque (m)	serangan	[sɛraŋan]
assalto (m)	serbuan	[sɛrbuan]
assaltar (vt)	menyerbu	[mɛnjerbu]
assédio, sítio (m)	kepungan	[kɛpuŋan]

ofensiva (f)	serangan	[sɛraŋan]
tomar à ofensiva	menyerang	[mɛnjeraŋ]

retirada (f)	pengunduran	[pɛŋunduran]
retirar-se (vr)	berundur	[bɛrundur]

cerco (m)	pengepungan	[pɛŋɛpuŋan]
cercar (vt)	mengepung	[mɛŋɛpuŋ]

bombardeio (m)	pengeboman	[pɛŋɛboman]
lançar uma bomba	menggugurkan bom	[mɛŋgugurkan bom]
bombardear (vt)	mengebom	[mɛŋebom]
explosão (f)	letupan	[lɛtupan]

tiro (m)	tembakan	[tembakan]
dar um tiro	menembak	[mɛnembak]

tiroteio (m)	penembakan	[pɛnembakan]
apontar para ...	mengacu	[mɛŋatʃu]
apontar (vt)	menghalakan	[mɛŋɣalakan]
acertar (vt)	kena	[kɛna]

afundar (~ um navio, etc.)	menenggelamkan	[mɛnɛŋgɛlamkan]
brecha (f)	lubang	[lubaŋ]
afundar-se (vr)	karam	[karam]

frente (m)	medan pertempuran	[medan pɛrtɛmpuran]
evacuação (f)	pengungsian	[pɛŋuŋsian]
evacuar (vt)	mengungsikan	[mɛŋuŋsikan]

trincheira (f)	parit pertahanan	[parit pɛrtahanan]
arame (m) enfarpado	dawai berduri	[davaj bɛrduri]
barreira (f) anti-tanque	rintangan	[rintaŋan]
torre (f) de vigia	menara	[mɛnara]

hospital (m) militar	hospital	[hospital]
ferir (vt)	mencederakan	[mɛntʃɛdɛrakan]
ferida (f)	cedera	[tʃɛdɛra]
ferido (m)	orang cedera	[oraŋ tʃɛdɛra]
ficar ferido	kena cedera	[kɛna tʃɛdɛra]
grave (ferida ~)	parah	[parah]

156. Armas

arma (f)	senjata	[sɛndʒata]
arma (f) de fogo	senjata api	[sɛndʒata api]
arma (f) branca	sejata tajam	[sɛdʒata tadʒam]

arma (f) química	senjata kimia	[sɛndʒata kimia]
nuclear (adj)	nuklear	[nuklear]
arma (f) nuclear	senjata nuklear	[sɛndʒata nuklear]

bomba (f)	bom	[bom]
bomba (f) atômica	bom atom	[bom atom]

pistola (f)	pistol	[pistol]
rifle (m)	senapang	[sɛnapaŋ]
semi-automática (f)	submesin gan	[submesin gan]
metralhadora (f)	mesin gan	[mesin gan]

boca (f)	muncung	[muntʃuŋ]
cano (m)	laras	[laras]
calibre (m)	kaliber	[kalibɛr]

gatilho (m)	picu	[pitʃu]
mira (f)	pembidik	[pɛmbidik]
carregador (m)	kelopak peluru	[kɛlopak pɛluru]
coronha (f)	pangkal senapang	[paŋkal sɛnapaŋ]

granada (f) de mão	bom tangan	[bom taŋan]
explosivo (m)	bahan peletup	[bahan pɛlɛtup]

bala (f)	peluru	[pɛluru]
cartucho (m)	kartrij	[kartridʒ]
carga (f)	isi	[isi]
munições (f pl)	amunisi	[amunisi]

bombardeiro (m)	pengebom	[pɛŋebom]
avião (m) de caça	jet pejuang	[dʒɛt pɛdʒuaŋ]
helicóptero (m)	helikopter	[helikoptɛr]

canhão (m) antiaéreo	meriam penangkis udara	[mɛrjam pɛnaŋkis udara]
tanque (m)	kereta kebal	[kreta kɛbal]
canhão (de um tanque)	meriam kereta kebal	[mɛrjam kreta kɛbal]

artilharia (f)	artileri	[artilɛri]
canhão (m)	meriam	[mɛrjam]
fazer a pontaria	menghalakan	[mɛŋɣalakan]

projétil (m)	peluru	[pɛluru]
granada (f) de morteiro	peluru mortar	[pɛluru mortar]
morteiro (m)	mortar	[mortar]
estilhaço (m)	serpihan	[sɛrpihan]

submarino (m)	kapal selam	[kapal sɛlam]
torpedo (m)	torpedo	[torpedo]
míssil (m)	misail	[misajl]

carregar (uma arma)	mengisi	[mɛŋisi]
disparar, atirar (vi)	menembak	[mɛnembak]
apontar para ...	mengacu	[mɛŋatʃu]
baioneta (f)	mata sangkur	[mata saŋkur]

espada (f)	pedang rapier	[pɛdaŋ rapir]
sabre (m)	pedang saber	[pɛdaŋ saber]
lança (f)	tombak	[tombak]
arco (m)	panah	[panah]
flecha (f)	anak panah	[anak panah]
mosquete (m)	senapang lantak	[sɛnapaŋ lantak]
besta (f)	busur silang	[busur silaŋ]

157. Povos da antiguidade

primitivo (adj)	primitif	[primitif]
pré-histórico (adj)	prasejarah	[prasɛdʒarah]
antigo (adj)	kuno	[kuno]

Idade (f) da Pedra	Zaman Batu	[zaman batu]
Idade (f) do Bronze	Zaman Gangsa	[zaman gaŋsa]
Era (f) do Gelo	Zaman Ais	[zaman ajs]

tribo (f)	puak	[puak]
canibal (m)	kanibal	[kanibal]
caçador (m)	pemburu	[pɛmburu]
caçar (vi)	memburu	[mɛmburu]
mamute (m)	mamot	[mamot]

caverna (f)	gua	[gua]
fogo (m)	api	[api]
fogueira (f)	unggun api	[uŋgun api]
pintura (f) rupestre	lukisan gua	[lukisan gua]

ferramenta (f)	alat kerja	[alat kɛrdʒa]
lança (f)	tombak	[tombak]
machado (m) de pedra	kapak batu	[kapak batu]
guerrear (vt)	berperang	[bɛrpraŋ]
domesticar (vt)	menjinak	[mɛndʒinak]

ídolo (m)	berhala	[bɛrhala]
adorar, venerar (vt)	memuja	[mɛmudʒa]
superstição (f)	kepercayaan karut	[kɛpɛrtʃajaan karut]
ritual (m)	upacara	[upatʃara]

evolução (f)	evolusi	[evolusi]
desenvolvimento (m)	perkembangan	[pɛrkɛmbaŋan]
extinção (f)	kehilangan	[kɛhilaŋan]
adaptar-se (vr)	menyesuaikan diri	[mɛnjesuaɪkan diri]

arqueologia (f)	arkeologi	[arkeologi]
arqueólogo (m)	ahli arkeologi	[ahli arkeologi]
arqueológico (adj)	arkeologi	[arkeologi]

escavação (sítio)	tapak ekskavasi	[tapak ekskavasi]
escavações (f pl)	ekskavasi	[ekskavasi]
achado (m)	penemuan	[pɛnɛmuan]
fragmento (m)	petikan	[pɛtikan]

158. Idade média

povo (m)	rakyat	[rakjat]
povos (m pl)	bangsa-bangsa	[baŋsa baŋsa]
tribo (f)	puak	[puak]
tribos (f pl)	puak-puak	[puak puak]

bárbaros (pl)	orang gasar	[oraŋ gasar]
galeses (pl)	orang Gaul	[oraŋ gaul]
godos (pl)	orang Goth	[oraŋ got]
eslavos (pl)	orang Slavonik	[oraŋ slavonik]
viquingues (pl)	Viking	[vajkiŋ]

romanos (pl)	orang Rom	[oraŋ rom]
romano (adj)	Rom	[rom]

bizantinos (pl)	orang Byzantium	[oraŋ bizantium]
Bizâncio	Byzantium	[bizantium]
bizantino (adj)	Byzantium	[bizantium]

imperador (m)	maharaja	[maharadʒa]
líder (m)	pemimpin	[pɛmimpin]
poderoso (adj)	adi kuasa	[adi kuasa]
rei (m)	raja	[radʒa]

governante (m)	penguasa	[pɛŋwasa]
cavaleiro (m)	kesatria	[ksatria]
senhor feudal (m)	feudal	[feudal]
feudal (adj)	feudal	[feudal]
vassalo (m)	vassal	[vasal]
duque (m)	duke	[djuk]
conde (m)	earl	[ørl]
barão (m)	baron	[baron]
bispo (m)	uskup	[uskup]

armadura (f)	baju besi	[badʒu bɛsi]
escudo (m)	perisai	[pɛrisaj]
espada (f)	pedang	[pɛdaŋ]
viseira (f)	vizor	[vizor]
cota (f) de malha	baju zirah	[badʒu zirah]

cruzada (f)	Perang Salib	[praŋ salib]
cruzado (m)	salibi	[salibi]

território (m)	wilayah	[vilajah]
atacar (vt)	menyerang	[mɛnjeraŋ]
conquistar (vt)	menakluki	[mɛnakluki]
ocupar, invadir (vt)	menduduki	[mɛnduduki]
assédio, sítio (m)	kepungan	[kɛpuŋan]
sitiado (adj)	terkepung	[tɛrkɛpuŋ]
assediar, sitiar (vt)	mengepung	[mɛŋɛpuŋ]

inquisição (f)	pasitan	[pasitan]
inquisidor (m)	ahli pasitan	[ahli pasitan]
tortura (f)	seksaan	[seksaan]
cruel (adj)	kejam	[kɛdʒam]
herege (m)	orang musyrik	[oraŋ muɕrik]
heresia (f)	kemusyrikan	[kɛmuɕrikan]

navegação (f) marítima	pelayaran laut	[pɛlajaran laut]
pirata (m)	lanun	[lanun]
pirataria (f)	kegiatan melanun	[kɛgiatan mɛlanun]
abordagem (f)	penyerbuan	[pɛnjerbuan]
presa (f), butim (m)	penjarahan	[pɛndʒarahan]
tesouros (m pl)	harta khazanah	[harta χazanah]

descobrimento (m)	penemuan	[pɛnɛmuan]
descobrir (novas terras)	menemui	[mɛnɛmui]
expedição (f)	ekspedisi	[ekspedisi]

mosqueteiro (m)	askar senapang lantak	[askar sɛnapaŋ lantak]
cardeal (m)	kardinal	[kardinal]
heráldica (f)	ilmu lambang	[ilmu lambaŋ]
heráldico (adj)	heraldik	[heraldik]

159. Líder. Chefe. Autoridades

rei (m)	raja	[radʒa]
rainha (f)	ratu	[ratu]

| real (adj) | diraja | [diradʒa] |
| reino (m) | kerajaan | [kɛradʒaan] |

| príncipe (m) | putera | [putra] |
| princesa (f) | puteri | [putri] |

presidente (m)	presiden	[presiden]
vice-presidente (m)	naib presiden	[naib presiden]
senador (m)	senator	[senator]

monarca (m)	raja	[radʒa]
governante (m)	penguasa	[pɛŋwasa]
ditador (m)	diktator	[diktator]
tirano (m)	pezalim	[pɛzalim]
magnata (m)	taikun	[tajkun]

diretor (m)	pengarah	[pɛŋarah]
chefe (m)	ketua	[kɛtua]
gerente (m)	pengurus	[pɛŋurus]
patrão (m)	bos	[bos]
dono (m)	pemilik	[pɛmilik]

líder (m)	pemimpin	[pɛmimpin]
chefe (m)	kepala	[kɛpala]
autoridades (f pl)	pihak berkuasa	[pihak bɛrkuasa]
superiores (m pl)	pihak atasan	[pihak atasan]

governador (m)	gabnor	[gabnor]
cônsul (m)	konsul	[konsul]
diplomata (m)	diplomat	[diplomat]
Presidente (m) da Câmara	datuk bandar	[datuk bandar]
xerife (m)	sheriff	[ʃɘrif]

imperador (m)	maharaja	[maharadʒa]
czar (m)	tsar, raja	[tsar], [radʒa]
faraó (m)	firaun	[firaun]
cã, khan (m)	khan	[χan]

160. Violação da lei. Criminosos. Parte 1

bandido (m)	samseng	[samseŋ]
crime (m)	jenayah	[dʒɛnajah]
criminoso (m)	penjenayah	[pɛndʒɛnajah]

ladrão (m)	pencuri	[pɛntʃuri]
roubar (vt)	mencuri	[mɛntʃuri]
furto, roubo (m)	pencurian	[pɛntʃurian]

raptar, sequestrar (vt)	menculik	[mɛntʃulik]
sequestro (m)	penculikan	[pɛntʃulikan]
sequestrador (m)	penculik	[pɛntʃulik]

| resgate (m) | wang tebusan | [vaŋ tɛbusan] |
| pedir resgate | menuntut wang tebusan | [mɛnuntut vaŋ tɛbusan] |

roubar (vt)	merampok	[mɛrampok]
assalto, roubo (m)	perampokan	[pɛrampokan]
assaltante (m)	perampok	[pɛrampok]
extorquir (vt)	memeras ugut	[mɛmɛras ugut]
extorsionário (m)	pemeras ugut	[pɛmɛras ugut]
extorsão (f)	peras ugut	[pɛras ugut]
matar, assassinar (vt)	membunuh	[mɛmbunuh]
homicídio (m)	pembunuhan	[pɛmbunuhan]
homicida, assassino (m)	pembunuh	[pɛmbunuh]
tiro (m)	tembakan	[tembakan]
dar um tiro	melepalkan tembakan	[mɛlɛpaskan tembakan]
matar a tiro	menembak mati	[mɛnembak mati]
disparar, atirar (vi)	menembak	[mɛnembak]
tiroteio (m)	penembakan	[pɛnembakan]
incidente (m)	kejadian	[kɛdʒadian]
briga (~ de rua)	perkelahian	[pɛrkɛlahian]
Socorro!	Tolong!	[toloŋ]
vítima (f)	mangsa	[maŋsa]
danificar (vt)	merosak	[mɛrosak]
dano (m)	rugi	[rugi]
cadáver (m)	bangkai	[baŋkaj]
grave (adj)	berat	[brat]
atacar (vt)	menyerang	[mɛnjeraŋ]
bater (espancar)	memukul	[mɛmukul]
espancar (vt)	memukul-mukul	[mɛmukul mukul]
tirar, roubar (dinheiro)	merebut	[mɛrɛbut]
esfaquear (vt)	menikam mati	[mɛnikam mati]
mutilar (vt)	mencacatkan	[mɛntʃatʃatkan]
ferir (vt)	mencederakan	[mɛntʃɛdɛrakan]
chantagem (f)	peras ugut	[pɛras ugut]
chantagear (vt)	memeras ugut	[mɛmɛras ugut]
chantagista (m)	pemeras ugut	[pɛmɛras ugut]
extorsão (f)	peras ugut wang perlindungan	[pɛras ugut vaŋ perlinduŋan]
extorsionário (m)	pemeras ugut wang perlindungan	[pɛmɛras ugut vaŋ perlinduŋan]
gângster (m)	gengster	[geŋstɛr]
máfia (f)	mafia	[mafia]
punguista (m)	penyeluk saku	[pɛnjeluk saku]
assaltante, ladrão (m)	pemecah rumah	[pɛmɛtʃah rumah]
contrabando (m)	penyeludupan	[pɛnjeludupan]
contrabandista (m)	penyeludup	[pɛnjeludup]
falsificação (f)	pemalsuan	[pɛmalsuan]
falsificar (vt)	memalsukan	[mɛmalsukan]
falsificado (adj)	palsu	[palsu]

161. Violação da lei. Criminosos. Parte 2

estupro (m)	pemerkosaan	[pɛmɛrkosaan]
estuprar (vt)	memerkosa	[mɛmɛrkosa]
estuprador (m)	pemerkosa	[pɛmɛrkosa]
maníaco (m)	maniak	[maniak]
prostituta (f)	pelacur	[pɛlatʃur]
prostituição (f)	pelacuran	[pɛlatʃuran]
cafetão (m)	bapa ayam	[bapa ajam]
drogado (m)	penagih dadah	[pɛnagih dadah]
traficante (m)	pengedar dadah	[pɛŋedar dadah]
explodir (vt)	meletupkan	[mɛlɛtupkan]
explosão (f)	letupan	[lɛtupan]
incendiar (vt)	membakar	[mɛmbakar]
incendiário (m)	pelaku kebakaran	[pɛlaku kɛbakaran]
terrorismo (m)	keganasan	[keganasan]
terrorista (m)	pengganas	[pɛŋganas]
refém (m)	tebusan	[tɛbusan]
enganar (vt)	menipu	[mɛnipu]
engano (m)	penipuan	[pɛnipuan]
vigarista (m)	penipu	[pɛnipu]
subornar (vt)	menyuap	[mɛnjuap]
suborno (atividade)	penyuapan	[pɛnjuapan]
suborno (dinheiro)	suapan	[suapan]
veneno (m)	racun	[ratʃun]
envenenar (vt)	meracuni	[mɛratʃuni]
envenenar-se (vr)	bunuh diri makan racun	[bunuh diri makan ratʃun]
suicídio (m)	bunuh diri	[bunuh diri]
suicida (m)	pembunuh diri	[pɛmbunuh diri]
ameaçar (vt)	mengugut	[mɛŋugut]
ameaça (f)	ugutan	[ugutan]
atentar contra a vida de …	mencuba	[mɛntʃuba]
atentado (m)	percubaan membunuh	[pɛrtʃubaan mɛmbunuh]
roubar (um carro)	melarikan	[mɛlarikan]
sequestrar (um avião)	membajak	[mɛmbadʒak]
vingança (f)	dendam	[dɛndam]
vingar (vt)	mendendam	[mɛndɛndam]
torturar (vt)	menyeksa	[mɛnjeksa]
tortura (f)	seksaan	[seksaan]
atormentar (vt)	menyeksa	[mɛnjeksa]
pirata (m)	lanun	[lanun]
desordeiro (m)	kaki gaduh	[kaki gaduh]

armado (adj)	bersenjata	[bɛrsɛndʒata]
violência (f)	kekerasan	[kɛkɛrasan]
ilegal (adj)	ilegal	[ilegal]

| espionagem (f) | pengintipan | [pɛŋintipan] |
| espionar (vi) | mengintip | [mɛŋintip] |

162. Polícia. Lei. Parte 1

| justiça (sistema de ~) | keadilan | [kɛadilan] |
| tribunal (m) | mahkamah | [mahkamah] |

juiz (m)	hakim	[hakim]
jurados (m pl)	ahli juri	[ahli dʒuri]
tribunal (m) do júri	juri	[dʒuri]
julgar (vt)	mengadili	[mɛŋadili]

advogado (m)	peguam	[pɛguam]
réu (m)	tertuduh	[tɛrtuduh]
banco (m) dos réus	kandang orang tertuduh	[kandaŋ oraŋ tɛrtuduh]

| acusação (f) | tuduhan | [tuduhan] |
| acusado (m) | tertuduh | [tɛrtuduh] |

| sentença (f) | hukuman | [hukuman] |
| sentenciar (vt) | menjatuhkan hukuman | [mɛndʒatuhkan hukuman] |

culpado (m)	pesalah	[pɛsalah]
punir (vt)	menghukum	[mɛŋɣukum]
punição (f)	hukuman	[hukuman]

multa (f)	denda	[dɛnda]
prisão (f) perpétua	penjara seumur hidup	[pɛndʒara sɛumur hidup]
pena (f) de morte	hukuman mati	[hukuman mati]
cadeira (f) elétrica	kerusi elektrik	[krusi elektrik]
forca (f)	tali gantung	[tali gantuŋ]

| executar (vt) | menjalankan hukuman mati | [mɛndʒalaŋkan hukuman mati] |
| execução (f) | hukuman | [hukuman] |

| prisão (f) | penjara | [pɛndʒara] |
| cela (f) de prisão | sel | [sel] |

escolta (f)	pengiring	[pɛŋiriŋ]
guarda (m) prisional	warden	[vardɛn]
preso, prisioneiro (m)	tahanan	[tahanan]

| algemas (f pl) | gari | [gari] |
| algemar (vt) | mengenakan gari | [mɛŋɛnakan gari] |

fuga, evasão (f)	pelarkan	[pɛlarian]
fugir (vi)	melarikan diri	[mɛlarikan diri]
desaparecer (vi)	hilang	[hilaŋ]

soltar, libertar (vt)	melepaskan	[mɛlɛpaskan]
anistia (f)	pengampunan	[pɛŋampunan]
polícia (instituição)	polis	[polis]
polícia (m)	anggota polis	[aŋgota polis]
delegacia (f) de polícia	balai polis	[balaj polis]
cassetete (m)	belantan getah	[bɛlantan gɛtah]
megafone (m)	corong suara	[tʃoroŋ suara]
carro (m) de patrulha	kereta peronda	[kreta pɛronda]
sirene (f)	siren	[sirɛn]
ligar a sirene	menghidupkan siren	[mɛŋɣidupkan sirɛn]
toque (m) da sirene	bunyi penggera	[bunji pɛŋgera]
cena (f) do crime	tempat kelakuan jenayah	[tɛmpat kɛlakuan dʒɛnajah]
testemunha (f)	saksi	[saksi]
liberdade (f)	kebebasan	[kɛbɛbasan]
cúmplice (m)	subahat	[subahat]
escapar (vi)	melarikan diri	[mɛlarikan diri]
traço (não deixar ~s)	jejak	[dʒɛdʒak]

163. Polícia. Lei. Parte 2

procura (f)	pencarian	[pɛntʃarian]
procurar (vt)	mencari	[mɛntʃari]
suspeita (f)	kecurigaan	[kɛtʃurigaan]
suspeito (adj)	mencurigakan	[mɛntʃurigakan]
parar (veículo, etc.)	menghentikan	[mɛŋɣɛntikan]
deter (fazer parar)	menahan	[mɛnahan]
caso (~ criminal)	kes	[kes]
investigação (f)	siasatan	[siasatan]
detetive (m)	mata-mata gelap	[mata mata gɛlap]
investigador (m)	penyiasat	[pɛnjiasat]
versão (f)	versi	[vɛrsi]
motivo (m)	motif	[motif]
interrogatório (m)	soal siasat	[soal siasat]
interrogar (vt)	menyoal siasat	[mɛnjoal siasat]
questionar (vt)	menyoal selidik	[mɛnjoal sɛlidik]
verificação (f)	pemeriksaan	[pɛmɛriksaan]
batida (f) policial	penyergapan	[pɛnjergapan]
busca (f)	penggeledahan	[pɛŋgɛledahan]
perseguição (f)	pemburuan	[pɛmburuan]
perseguir (vt)	mengejar	[mɛŋɛdʒar]
seguir, rastrear (vt)	mengesan	[mɛŋɛsan]
prisão (f)	penahanan	[pɛnahanan]
prender (vt)	menahan	[mɛnahan]
pegar, capturar (vt)	menangkap	[mɛnaŋkap]
captura (f)	penangkapan	[pɛnaŋkapan]
documento (m)	bokumen	[bokumen]
prova (f)	bukti	[bukti]

provar (vt)	**membukti**	[mɛmbukti]
pegada (f)	**jejak**	[dʒɛdʒak]
impressões (f pl) digitais	**cap jari**	[ʧap dʒari]
prova (f)	**bukti**	[bukti]

álibi (m)	**alibi**	[alibi]
inocente (adj)	**tidak bersalah**	[tidak bɛrsalah]
injustiça (f)	**ketidakadilan**	[kɛtidakadilan]
injusto (adj)	**tidak adil**	[tidak adil]

criminal (adj)	**jenayah**	[dʒɛnajah]
confiscar (vt)	**menyita**	[mɛnjita]
droga (f)	**najis dadah**	[nadʒis dadah]
arma (f)	**senjata**	[sɛndʒata]
desarmar (vt)	**melucutkan senjata**	[mɛluʧutkan sɛndʒata]
ordenar (vt)	**memerintah**	[mɛmɛrintah]
desaparecer (vi)	**hilang**	[hilaŋ]

lei (f)	**undang-undang**	[undaŋ undaŋ]
legal (adj)	**sah**	[sah]
ilegal (adj)	**tidak sah**	[tidak sah]

| responsabilidade (f) | **tanggungjawab** | [taŋguŋdʒavab] |
| responsável (adj) | **bertanggungjawab** | [bɛrtaŋguŋdʒavab] |

NATUREZA

A Terra. Parte 1

164. Espaço sideral

espaço, cosmo (m)	angkasa lepas	[aŋkasa lɛpas]
espacial, cósmico (adj)	angkasa lepas	[aŋkasa lɛpas]
espaço (m) cósmico	ruang angkasa lepas	[ruaŋ aŋkasa lɛpas]
mundo (m)	dunia	[dunia]
universo (m)	alam semesta	[alam sɛmɛsta]
galáxia (f)	Bimasakti	[bimasakti]

estrela (f)	bintang	[bintaŋ]
constelação (f)	gugusan bintang	[gugusan bintaŋ]
planeta (m)	planet	[planet]
satélite (m)	satelit	[satɛlit]

meteorito (m)	meteorit	[meteorit]
cometa (m)	komet	[komet]
asteroide (m)	asteroid	[asteroid]

órbita (f)	edaran, orbit	[edaran], [orbit]
girar (vi)	berputar	[bɛrputar]
atmosfera (f)	udara	[udara]

Sol (m)	Matahari	[matahari]
Sistema (m) Solar	tata surya	[tata surja]
eclipse (m) solar	gerhana matahari	[gɛrhana matahari]

| Terra (f) | Bumi | [bumi] |
| Lua (f) | Bulan | [bulan] |

Marte (m)	Marikh	[mariχ]
Vênus (f)	Zuhrah	[zuhrah]
Júpiter (m)	Musytari	[muʃtari]
Saturno (m)	Zuhal	[zuhal]

Mercúrio (m)	Utarid	[utarid]
Urano (m)	Uranus	[uranus]
Netuno (m)	Waruna	[varuna]
Plutão (m)	Pluto	[pluto]

Via Láctea (f)	Bima Sakti	[bima sakti]
Ursa Maior (f)	Bintang Biduk	[bintaŋ biduk]
Estrela Polar (f)	Bintang Utara	[bintaŋ utara]

| marciano (m) | makhluk dari Marikh | [mahluk dari marih] |
| extraterrestre (m) | makhluk ruang angkasa | [maχluk ruaŋ aŋkasa] |

alienígena (m)	makhluk asing	[mahluk asiŋ]
disco (m) voador	piring terbang	[piriŋ tɛrbaŋ]
espaçonave (f)	kapal angkasa lepas	[kapal aŋkasa lɛpas]
estação (f) orbital	stesen orbit angkasa	[stesen orbit aŋkasa]
lançamento (m)	pelancaran	[pɛlantʃaran]
motor (m)	enjin	[endʒin]
bocal (m)	muncung	[muntʃuŋ]
combustível (m)	bahan bakar	[bahan bakar]
cabine (f)	kokpit	[kokpit]
antena (f)	aerial	[aerial]
vigia (f)	tingkap kapal	[tiŋkap kapal]
bateria (f) solar	sel surya	[sel surja]
traje (m) espacial	pakaian angkasawan	[pakajan aŋkasavan]
imponderabilidade (f)	keadaan graviti sifar	[kɛadaan graviti sifar]
oxigênio (m)	oksigen	[oksigɛn]
acoplagem (f)	percantuman	[pɛrtʃantuman]
fazer uma acoplagem	melakukan cantuman	[mɛlakukan tʃantuman]
observatório (m)	balai cerap	[balaj tʃɛrap]
telescópio (m)	teleskop	[teleskop]
observar (vt)	menyaksikan	[mɛnjaksikan]
explorar (vt)	menjelajahi	[mɛndʒɛladʒahi]

165. A Terra

Terra (f)	Bumi	[bumi]
globo terrestre (Terra)	bola Bumi	[bola bumi]
planeta (m)	planet	[planet]
atmosfera (f)	udara	[udara]
geografia (f)	geografi	[geografi]
natureza (f)	alam	[alam]
globo (mapa esférico)	glob	[glob]
mapa (m)	peta	[pɛta]
atlas (m)	atlas	[atlas]
Europa (f)	Eropah	[eropa]
Ásia (f)	Asia	[asia]
África (f)	Afrika	[afrika]
Austrália (f)	Australia	[australia]
América (f)	Amerika	[amerika]
América (f) do Norte	Amerika Utara	[amerika utara]
América (f) do Sul	Amerika Selatan	[amerika sɛlatan]
Antártida (f)	Antartika	[antartika]
Ártico (m)	Artik	[artik]

166. Pontos cardeais

norte (m)	utara	[utara]
para norte	ke utara	[kɛ utara]
no norte	di utara	[di utara]
do norte (adj)	utara	[utara]
sul (m)	selatan	[sɛlatan]
para sul	ke selatan	[kɛ sɛlatan]
no sul	di selatan	[di sɛlatan]
do sul (adj)	selatan	[sɛlatan]
oeste, ocidente (m)	barat	[barat]
para oeste	ke barat	[kɛ barat]
no oeste	di barat	[di barat]
ocidental (adj)	barat	[barat]
leste, oriente (m)	timur	[timur]
para leste	ke timur	[kɛ timur]
no leste	di timur	[di timur]
oriental (adj)	timur	[timur]

167. Mar. Oceano

mar (m)	laut	[laut]
oceano (m)	lautan	[lautan]
golfo (m)	teluk	[tɛluk]
estreito (m)	selat	[sɛlat]
terra (f) firme	daratan	[daratan]
continente (m)	benua	[bɛnua]
ilha (f)	pulau	[pulau]
península (f)	semenanjung	[sɛmɛnandʒuŋ]
arquipélago (m)	kepulauan	[kɛpulawan]
baía (f)	teluk	[tɛluk]
porto (m)	pelabuhan	[pɛlabuhan]
lagoa (f)	lagun	[lagun]
cabo (m)	tanjung	[tandʒuŋ]
atol (m)	pulau cincin	[pulau tʃintʃin]
recife (m)	terumbu	[tɛrumbu]
coral (m)	karang	[karaŋ]
recife (m) de coral	terumbu karang	[tɛrumbu karaŋ]
profundo (adj)	dalam	[dalam]
profundidade (f)	kedalaman	[kɛdalaman]
abismo (m)	jurang	[dʒuraŋ]
fossa (f) oceânica	jurang	[dʒuraŋ]
corrente (f)	arus	[arus]
banhar (vt)	bersempadan	[bɛrsɛmpadan]

| litoral (m) | pantai | [pantaj] |
| costa (f) | pantai | [pantaj] |

maré (f) alta	air pasang	[air pasaŋ]
refluxo (m)	air surut	[air surut]
restinga (f)	beting	[bɛtiŋ]
fundo (m)	dasar	[dasar]

onda (f)	gelombang	[gɛlombaŋ]
crista (f) da onda	puncak gelombang	[puntʃak gɛlombaŋ]
espuma (f)	buih	[buih]

tempestade (f)	badai	[badaj]
furacão (m)	badai, taufan	[badaj], [taufan]
tsunami (m)	tsunami	[ʦunami]
calmaria (f)	angin mati	[aŋin mati]
calmo (adj)	tenang	[tɛnaŋ]

| polo (m) | khutub | [χutub] |
| polar (adj) | polar | [polar] |

latitude (f)	garisan lintang	[garisan lintaŋ]
longitude (f)	garisan bujur	[garisan budʒur]
paralela (f)	garisan latitud	[garisan latitud]
equador (m)	khatulistiwa	[χatulistiva]

céu (m)	langit	[laŋit]
horizonte (m)	kaki langit	[kaki laŋit]
ar (m)	udara	[udara]

farol (m)	rumah api	[rumah api]
mergulhar (vi)	menyelam	[mɛnjelam]
afundar-se (vr)	karam	[karam]
tesouros (m pl)	harta karun	[harta karun]

168. Montanhas

montanha (f)	gunung	[gunuŋ]
cordilheira (f)	banjaran gunung	[bandʒaran gunuŋ]
serra (f)	rabung gunung	[rabuŋ gunuŋ]

cume (m)	puncak	[puntʃak]
pico (m)	puncak	[puntʃak]
pé (m)	kaki	[kaki]
declive (m)	cerun	[tʃɛrun]

vulcão (m)	gunung berapi	[gunuŋ bɛrapi]
vulcão (m) ativo	gunung berapi hidup	[gunuŋ bɛrapi hidup]
vulcão (m) extinto	gunung api yang tidak aktif	[gunuŋ api jaŋ tidak aktif]

erupção (f)	letusan	[lɛtusan]
cratera (f)	kawah	[kavah]
magma (m)	magma	[magma]
lava (f)	lahar	[lahar]

fundido (lava ~a)	pijar	[piʤar]
cânion, desfiladeiro (m)	kanyon	[kanjon]
garganta (f)	jurang	[ʤuraŋ]
fenda (f)	krevis	[krevis]
precipício (m)	jurang	[ʤuraŋ]

passo, colo (m)	genting	[gɛntiŋ]
planalto (m)	penara	[pɛnara]
falésia (f)	cenuram	[ʧɛnuram]
colina (f)	bukit	[bukit]

geleira (f)	glasier	[glasier]
cachoeira (f)	air terjun	[air tɛrʤun]
gêiser (m)	pancutan air panas	[panʧutan air panas]
lago (m)	tasik	[tasik]

planície (f)	dataran	[dataran]
paisagem (f)	pemandangan	[pɛmandaŋan]
eco (m)	kumandang	[kumandaŋ]

alpinista (m)	pendaki gunung	[pɛndaki gununŋ]
escalador (m)	pendaki batu	[pɛndaki batu]
conquistar (vt)	menaklukkan	[mɛnaklukkan]
subida, escalada (f)	pendakian	[pɛndakian]

169. Rios

rio (m)	sungai	[suŋaj]
fonte, nascente (f)	mata air	[mata air]
leito (m) de rio	dasar sungai	[dasar suŋaj]
bacia (f)	lembah sungai	[lɛmbah suŋaj]
desaguar no ...	bermuara	[bɛrmuara]

| afluente (m) | anak sungai | [anak suŋaj] |
| margem (do rio) | tepi | [tepi] |

corrente (f)	arus	[arus]
rio abaixo	ke hilir	[kɛ hilir]
rio acima	ke hulu	[kɛ hulu]

inundação (f)	banjir	[banʤir]
cheia (f)	air bah	[air bah]
transbordar (vi)	meluap	[mɛluap]
inundar (vt)	menggenangi	[mɛŋgɛnaŋi]

| banco (m) de areia | beting | [bɛtiŋ] |
| corredeira (f) | jeram | [ʤɛram] |

barragem (f)	empangan	[ɛmpaŋan]
canal (m)	terusan	[tɛrusan]
reservatório (m) de água	takungan	[takuŋan]
eclusa (f)	pintu air	[pintu air]
corpo (m) de água	kolam	[kolam]
pântano (m)	bencah	[bɛnʧah]

| lamaçal (m) | paya | [paja] |
| redemoinho (m) | pusaran air | [pusaran air] |

riacho (m)	anak sungai	[anak suŋaj]
potável (adj)	minum	[minum]
doce (água)	tawar	[tavar]

| gelo (m) | ais | [ajs] |
| congelar-se (vr) | membeku | [mɛmbɛku] |

170. Floresta

| floresta (f), bosque (m) | hutan | [hutan] |
| florestal (adj) | hutan | [hutan] |

mata (f) fechada	hutan lebat	[hutan lɛbat]
arvoredo (m)	hutan kecil	[hutan kɛʧil]
clareira (f)	cerang	[ʧɛraŋ]

| matagal (m) | belukar | [bɛlukar] |
| mato (m), caatinga (f) | pokok renek | [pokok renek] |

| pequena trilha (f) | jalan setapak | [dʒalan sɛtapak] |
| ravina (f) | gaung | [gauŋ] |

árvore (f)	pokok	[pokok]
folha (f)	daun	[daun]
folhagem (f)	daun-daunan	[daun daunan]

queda (f) das folhas	daun luruh	[daun luruh]
cair (vi)	gugur	[gugur]
topo (m)	puncak	[punʧak]

ramo (m)	cabang	[ʧabaŋ]
galho (m)	dahan	[dahan]
botão (m)	mata tunas	[mata tunas]
agulha (f)	jejarum	[dʒɛdʒarum]
pinha (f)	buah konifer	[buah konifer]

buraco (m) de árvore	lubang	[lubaŋ]
ninho (m)	sarang	[saraŋ]
toca (f)	lubang	[lubaŋ]

tronco (m)	batang	[bataŋ]
raiz (f)	akar	[akar]
casca (f) de árvore	kulit	[kulit]
musgo (m)	lumut	[lumut]

arrancar pela raiz	mencabut	[mɛnʧabut]
cortar (vt)	menebang	[mɛnɛbaŋ]
desflorestar (vt)	membasmi hutan	[mɛmbasmi hutan]
toco, cepo (m)	tunggul	[tuŋgul]
fogueira (f)	unggun api	[uŋgun api]
incêndio (m) florestal	kebakaran	[kɛbakaran]

apagar (vt)	memadamkan	[mɛmadamkan]
guarda-parque (m)	renjer hutan	[rendʒɛr hutan]
proteção (f)	perlindungan	[pɛrlinduŋan]
proteger (a natureza)	melindungi	[mɛlinduŋi]
caçador (m) furtivo	penebang haram	[pɛnɛbaŋ haram]
armadilha (f)	perangkap	[praŋkap]

colher (cogumelos, bagas)	memetik	[mɛmɛtik]
perder-se (vr)	sesat jalan	[sɛsat dʒalan]

171. Recursos naturais

recursos (m pl) naturais	kekayaan alam	[kɛkajaan alam]
minerais (m pl)	galian	[galian]
depósitos (m pl)	mendapan	[mɛndapan]
jazida (f)	lapangan	[lapaŋan]

extrair (vt)	melombong	[mɛlomboŋ]
extração (f)	perlombongan	[pɛrlombonan]
minério (m)	bijih	[bidʒih]
mina (f)	lombong	[lomboŋ]
poço (m) de mina	lombong	[lomboŋ]
mineiro (m)	buruh lombong	[buruh lomboŋ]

gás (m)	gas	[gas]
gasoduto (m)	talian paip gas	[talian pajp gas]

petróleo (m)	minyak	[minjak]
oleoduto (m)	saluran paip minyak	[saluran paɪp minjak]
poço (m) de petróleo	telaga minyak	[tɛlaga minjak]
torre (f) petrolífera	menara minyak	[mɛnara minjak]
petroleiro (m)	kapal tangki	[kapal taŋki]
areia (f)	pasir	[pasir]
calcário (m)	kapur	[kapur]
cascalho (m)	kerikil	[kɛrikil]
turfa (f)	gambut	[gambut]
argila (f)	tanah liat	[tanah liat]
carvão (m)	arang	[araŋ]

ferro (m)	besi	[bɛsi]
ouro (m)	emas	[ɛmas]
prata (f)	perak	[perak]
níquel (m)	nikel	[nikɛl]
cobre (m)	tembaga	[tɛmbaga]

zinco (m)	zink	[ziŋk]
manganês (m)	mangan	[maŋan]
mercúrio (m)	air raksa	[air raksa]
chumbo (m)	timah hitam	[timah hitam]

mineral (m)	galian	[galian]
cristal (m)	hablur	[hablur]
mármore (m)	pualam	[pualam]
urânio (m)	uranium	[uranium]

A Terra. Parte 2

172. Tempo

tempo (m)	cuaca	[ʧuaʧa]
previsão (f) do tempo	ramalan cuaca	[ramalan ʧuaʧa]
temperatura (f)	suhu	[suhu]
termômetro (m)	termometer	[tɛrmometɛr]
barômetro (m)	barometer	[barometɛr]
úmido (adj)	lembap	[lɛmbap]
umidade (f)	kelembapan	[kɛlɛmbapan]
calor (m)	panas terik	[panas tɛrik]
tórrido (adj)	panas terik	[panas tɛrik]
está muito calor	panas	[panas]
está calor	panas	[panas]
quente (morno)	hangat	[haŋat]
está frio	cuaca sejuk	[ʧuaʧa sɛʤuk]
frio (adj)	sejuk	[sɛʤuk]
sol (m)	matahari	[matahari]
brilhar (vi)	bersinar	[bɛrsinar]
de sol, ensolarado	cerah	[ʧɛrah]
nascer (vi)	terbit	[tɛrbit]
pôr-se (vr)	duduk	[duduk]
nuvem (f)	awan	[avan]
nublado (adj)	berawan	[bɛravan]
nuvem (f) preta	awan mendung	[avan mɛnduŋ]
escuro, cinzento (adj)	mendung	[mɛnduŋ]
chuva (f)	hujan	[huʤan]
está a chover	hujan turun	[huʤan turun]
chuvoso (adj)	hujan	[huʤan]
chuviscar (vi)	renyai-renyai	[rɛnjai rɛnjai]
chuva (f) torrencial	hujan lebat	[huʤan lɛbat]
aguaceiro (m)	hujan lebat	[huʤan lɛbat]
forte (chuva, etc.)	lebat	[lɛbat]
poça (f)	lopak	[lopak]
molhar-se (vr)	kebasahan	[kɛbasahan]
nevoeiro (m)	kabus	[kabus]
de nevoeiro	berkabus	[bɛrkabus]
neve (f)	salji	[salʤi]
está nevando	salji turun	[salʤi turun]

173. Tempo extremo. Catástrofes naturais

trovoada (f)	hujan ribut	[hudʒan ribut]
relâmpago (m)	kilat	[kilat]
relampejar (vi)	berkilau	[bɛrkilau]
trovão (m)	guruh	[guruh]
trovejar (vi)	bergemuruh	[bɛrgɛmuruh]
está trovejando	guruh berbunyi	[guruh bɛrbunji]
granizo (m)	hujan batu	[hudʒan batu]
está caindo granizo	hujan batu turun	[hudʒan batu turun]
inundar (vt)	menggenangi	[mɛŋgɛnaɲi]
inundação (f)	banjir	[bandʒir]
terremoto (m)	gempa bumi	[gɛmpa bumi]
abalo, tremor (m)	gegaran	[gɛgaran]
epicentro (m)	titik	[titik]
erupção (f)	letusan	[lɛtusan]
lava (f)	lahar	[lahar]
tornado (m)	puting beliung	[putiŋ bɛliuŋ]
tornado (m)	tornado	[tornado]
tufão (m)	taufan	[taufan]
furacão (m)	badai, taufan	[badaj], [taufan]
tempestade (f)	badai	[badaj]
tsunami (m)	tsunami	[ʦunami]
ciclone (m)	siklon	[siklon]
mau tempo (m)	cuaca buruk	[ʧuaʧa buruk]
incêndio (m)	kebakaran	[kɛbakaran]
catástrofe (f)	bencana	[bɛnʧana]
meteorito (m)	meteorit	[meteorit]
avalanche (f)	runtuhan	[runtuhan]
deslizamento (m) de neve	salji runtuh	[saldʒi runtuh]
nevasca (f)	badai salji	[badaj saldʒi]
tempestade (f) de neve	ribut salji	[ribut saldʒi]

Fauna

174. Mamíferos. Predadores

predador (m)	pemangsa	[pɛmaŋsa]
tigre (m)	harimau	[harimau]
leão (m)	singa	[siŋa]
lobo (m)	serigala	[srigala]
raposa (f)	rubah	[rubah]

jaguar (m)	jaguar	[dʒaguar]
leopardo (m)	harimau akar	[harimau akar]
chita (f)	harimau bintang	[harimau bintaŋ]

pantera (f)	harimau kumbang	[harimau kumbaŋ]
puma (m)	puma	[puma]
leopardo-das-neves (m)	harimau bintang salji	[harimau bintaŋ saldʒi]
lince (m)	lynx	[liŋks]

coiote (m)	koyote	[kojot]
chacal (m)	jakal	[dʒakal]
hiena (f)	dubuk	[dubuk]

175. Animais selvagens

animal (m)	binatang	[binataŋ]
besta (f)	binatang liar	[binataŋ liar]

esquilo (m)	tupai	[tupaj]
ouriço (m)	landak susu	[landak susu]
lebre (f)	kelinci	[kɛlintʃi]
coelho (m)	arnab	[arnab]

texugo (m)	telugu	[tɛlugu]
guaxinim (m)	rakun	[rakun]
hamster (m)	hamster	[hamster]
marmota (f)	marmot	[marmot]

toupeira (f)	tikus tanah	[tikus tanah]
rato (m)	mencit	[mɛntʃit]
ratazana (f)	tikus mondok	[tikus mondok]
morcego (m)	kelawar	[kɛlavar]

arminho (m)	ermin	[ermin]
zibelina (f)	sable	[sable]
marta (f)	marten	[marten]
doninha (f)	wesel	[vesel]
visom (m)	mink	[miŋk]

| castor (m) | beaver | [biver] |
| lontra (f) | memerang | [mɛmɛraŋ] |

cavalo (m)	kuda	[kuda]
alce (m)	rusa elk	[rusa elk]
veado (m)	rusa	[rusa]
camelo (m)	unta	[unta]

bisão (m)	bison	[bison]
auroque (m)	aurochs	[oroks]
búfalo (m)	kerbau	[kɛrbau]

zebra (f)	kuda belang	[kuda bɛlaŋ]
antílope (m)	antelop	[antelop]
corça (f)	kijang	[kidʒaŋ]
gamo (m)	rusa	[rusa]
camurça (f)	chamois	[ʃɛmva]
javali (m)	babi hutan jantan	[babi hutan dʒantan]

baleia (f)	ikan paus	[ikan paus]
foca (f)	anjing laut	[andʒiŋ laut]
morsa (f)	walrus	[valrus]
urso-marinho (m)	anjing laut berbulu	[andʒiŋ laut bɛrbulu]
golfinho (m)	lumba-lumba	[lumba lumba]

urso (m)	beruang	[bɛruaŋ]
urso (m) polar	beruang kutub	[bɛruaŋ kutub]
panda (m)	panda	[panda]

macaco (m)	monyet	[monjet]
chimpanzé (m)	cimpanzi	[tʃimpanzi]
orangotango (m)	orang hutan	[oraŋ hutan]
gorila (m)	gorila	[gorila]
macaco (m)	kera	[kra]
gibão (m)	ungka	[uŋka]

elefante (m)	gajah	[gadʒah]
rinoceronte (m)	badak	[badak]
girafa (f)	zirafah	[zirafah]
hipopótamo (m)	kuda air	[kuda air]

| canguru (m) | kanggaru | [kaŋgaru] |
| coala (m) | koala | [koala] |

mangusto (m)	cerpelai	[tʃɛrpelaj]
chinchila (f)	chinchilla	[tʃintʃilla]
cangambá (f)	skunk	[skuŋk]
porco-espinho (m)	landak	[landak]

176. Animais domésticos

gata (f)	kucing betina	[kutʃiŋ bɛtina]
gato (m) macho	kucing jantan	[kutʃiŋ dʒantan]
cão (m)	anjing	[andʒiŋ]

cavalo (m)	kuda	[kuda]
garanhão (m)	kuda jantan	[kuda dʒantan]
égua (f)	kuda betina	[kuda bɛtina]

vaca (f)	lembu	[lɛmbu]
touro (m)	lembu jantan	[lɛmbu dʒantan]
boi (m)	lembu jantan	[lɛmbu dʒantan]

ovelha (f)	kambing biri-biri	[kambiŋ biri biri]
carneiro (m)	biri-biri jantan	[biri biri dʒantan]
cabra (f)	kambing betina	[kambiŋ bɛtina]
bode (m)	kambing jantan	[kambiŋ dʒantan]

burro (m)	keldai	[kɛldaj]
mula (f)	baghal	[baɣal]

porco (m)	babi	[babi]
leitão (m)	anak babi	[anak babi]
coelho (m)	arnab	[arnab]

galinha (f)	ayam	[ajam]
galo (m)	ayam jantan	[ajam dʒantan]

pata (f), pato (m)	itik	[itik]
pato (m)	itik jantan	[itik dʒantan]
ganso (m)	angsa	[aŋsa]

peru (m)	ayam belanda jantan	[ajam blanda dʒantan]
perua (f)	ayam belanda betina	[ajam blanda bɛtina]

animais (m pl) domésticos	binatang ternakan	[binataŋ tɛrnakan]
domesticado (adj)	jinak	[dʒinak]
domesticar (vt)	menjinak	[mɛndʒinak]
criar (vt)	memelihara	[mɛmɛlihara]

fazenda (f)	ladang, estet	[ladaŋ], [estet]
aves (f pl) domésticas	ayam-itik	[ajam itik]
gado (m)	ternakan	[tɛrnakan]
rebanho (m), manada (f)	kawanan	[kavanan]

estábulo (m)	kandang kuda	[kandaŋ kuda]
chiqueiro (m)	kandang babi	[kandaŋ babi]
estábulo (m)	kandang lembu	[kandaŋ lɛmbu]
coelheira (f)	sangkar arnab	[saŋkar arnab]
galinheiro (m)	kandang ayam	[kandaŋ ajam]

177. Cães. Raças de cães

cão (m)	anjing	[andʒiŋ]
cão pastor (m)	anjing gembala	[andʒiŋ gɛmbala]
pastor-alemão (m)	anjing gembala jerman	[andʒiŋ gɛmbala dʒerman]
poodle (m)	poodle	[pudl]
linguicinha (m)	dachshund	[dɛksand]
buldogue (m)	bulldog	[baldog]

boxer (m)	anjing boxer	[andʒiŋ bokser]
mastim (m)	mastiff	[mastif]
rottweiler (m)	rottweiler	[rotvajler]
dóberman (m)	Doberman	[doberman]

basset (m)	anjing basset	[andʒiŋ baset]
pastor inglês (m)	bobtail	[bobtejl]
dálmata (m)	Dalmatian	[dalmatian]
cocker spaniel (m)	cocker spaniel	[koker spaniɛl]

| terra-nova (m) | Newfoundland | [njufaundlɛnd] |
| são-bernardo (m) | Saint Bernard | [sejnt bernard] |

husky (m) siberiano	Husky	[haski]
Chow-chow (m)	Chow Chow	[tʃau tʃau]
spitz alemão (m)	spitz	[spitts]
pug (m)	anjing pug	[andʒiŋ pag]

178. Sons produzidos pelos animais

latido (m)	gonggongan	[goŋgoŋan]
latir (vi)	menggonggong	[mɛŋgoŋgoŋ]
miar (vi)	mengiau	[mɛŋiau]
ronronar (vi)	berdengkur	[bɛrdɛŋkur]

mugir (vaca)	menguak	[mɛŋwak]
bramir (touro)	mendenguh	[mɛndeŋuh]
rosnar (vi)	menggeram	[mɛŋgɛram]

uivo (m)	raungan	[rauŋan]
uivar (vi)	meraung	[mɛrauŋ]
ganir (vi)	melolong	[mɛloloŋ]

balir (vi)	mengembek	[mɛŋembek]
grunhir (vi)	mendengkur	[mɛndeŋkur]
guinchar (vi)	menjerit	[mɛndʒɛrit]

coaxar (sapo)	menguak	[mɛŋwak]
zumbir (inseto)	mendengung	[mɛndɛŋuŋ]
ziziar (vi)	mencicit	[mɛntʃitʃit]

179. Pássaros

pássaro (m), ave (f)	burung	[buruŋ]
pombo (m)	burung merpati	[buruŋ mɛrpati]
pardal (m)	burung pipit	[buruŋ pipit]
chapim-real (m)	burung tit	[buruŋ tit]
pega-rabuda (f)	murai	[muraj]

corvo (m)	burung raven	[buruŋ raven]
gralha-cinzenta (f)	burung gagak	[buruŋ gagak]
gralha-de-nuca-cinzenta (f)	burung jackdaw	[buruŋ dʒɛkdo]

gralha-calva (f)	burung rook	[buruŋ ruk]
pato (m)	itik	[itik]
ganso (m)	angsa	[aŋsa]
faisão (m)	burung kuang	[buruŋ kuaŋ]

águia (f)	helang	[hɛlaŋ]
açor (m)	burung helang	[buruŋ hɛlaŋ]
falcão (m)	burung falcon	[buruŋ falkon]

| abutre (m) | hering | [hɛriŋ] |
| condor (m) | kondor | [kondor] |

cisne (m)	swan	[svon]
grou (m)	burung jenjang	[buruŋ dʒɛndʒaŋ]
cegonha (f)	burung botak	[buruŋ botak]

papagaio (m)	burung nuri	[buruŋ nuri]
beija-flor (m)	burung madu	[buruŋ madu]
pavão (m)	burung merak	[buruŋ mɛrak]

| avestruz (m) | burung unta | [buruŋ unta] |
| garça (f) | burung pucung | [buruŋ putʃuŋ] |

| flamingo (m) | burung flamingo | [buruŋ flamiŋo] |
| pelicano (m) | burung undan | [buruŋ undan] |

| rouxinol (m) | burung merbah | [buruŋ mɛrbah] |
| andorinha (f) | burung layang-layang | [buruŋ lajaŋ lajaŋ] |

tordo-zornal (m)	burung murai	[buruŋ muraj]
tordo-músico (m)	burung song thrush	[buruŋ soŋ traʃ]
melro-preto (m)	burung hitam	[buruŋ hitam]

andorinhão (m)	burung walet	[buruŋ valet]
cotovia (f)	seri ayu	[sri aju]
codorna (f)	burung puyuh	[buruŋ pujuh]

pica-pau (m)	burung belatuk	[buruŋ bɛlatuk]
cuco (m)	sewah padang	[sɛvah padaŋ]
coruja (f)	burung hantu	[buruŋ hantu]
bufo-real (m)	burung jampok	[buruŋ dʒampok]
tetraz-grande (m)	wood grouse	[vud graus]

| tetraz-lira (m) | grouse hitam | [graus hitam] |
| perdiz-cinzenta (f) | ayam hutan | [ajam hutan] |

estorninho (m)	burung starling	[buruŋ starliŋ]
canário (m)	burung kenari	[buruŋ kɛnari]
galinha-do-mato (f)	burung hazel grouse	[buruŋ hazel graus]

| tentilhão (m) | burung chaffinch | [buruŋ tʃafintʃ] |
| dom-fafe (m) | burung bullfinch | [buruŋ bulfintʃ] |

gaivota (f)	burung camar	[buruŋ tʃamar]
albatroz (m)	albatros	[albatros]
pinguim (m)	penguin	[peŋuin]

180. Pássaros. Canto e sons

cantar (vi)	menyanyi	[mɛnjaɲi]
gritar, chamar (vi)	memanggil	[mɛmaŋgil]
cantar (o galo)	berkokok	[bɛrkokok]
cocorocó (m)	kukurukuk	[kukurukuk]

cacarejar (vi)	berketak-ketak	[bɛrkɛtak kɛtak]
crocitar (vi)	menggauk	[mɛŋgauk]
grasnar (vi)	menguek	[mɛŋuek]
piar (vi)	berdecit	[bɛrdɛtʃit]
chilrear, gorjear (vi)	berkicau	[bɛrkitʃau]

181. Peixes. Animais marinhos

brema (f)	ikan bream	[ikan brim]
carpa (f)	ikan kap	[ikan kap]
perca (f)	ikan puyu	[ikan puju]
siluro (m)	ikan keli	[ikan kli]
lúcio (m)	ikan paik	[ikan pajk]

salmão (m)	salmon	[salmon]
esturjão (m)	ikan sturgeon	[ikan sturgeon]

arenque (m)	ikan hering	[ikan hɛriŋ]
salmão (m) do Atlântico	salmon Atlantik	[salmon atlantik]
cavala, sarda (f)	ikan tenggiri	[ikan tɛŋgiri]
solha (f), linguado (m)	ikan sebelah	[ikan sɛblah]

lúcio perca (m)	ikan zander	[ikan zander]
bacalhau (m)	ikan kod	[ikan kod]
atum (m)	tuna	[tuna]
truta (f)	ikan trout	[ikan trout]

enguia (f)	ikan belut	[ikan bɛlut]
raia (f) elétrica	ikan pari elektrik	[ikan pari ɛlektrik]
moreia (f)	ikan moray eel	[ikan morej il]
piranha (f)	pirana	[pirana]

tubarão (m)	jerung	[dʒɛruŋ]
golfinho (m)	lumba-lumba	[lumba lumba]
baleia (f)	ikan paus	[ikan paus]

caranguejo (m)	ketam	[kɛtam]
água-viva (f)	ubur-ubur	[ubur ubur]
polvo (m)	sotong kurita	[sotoŋ kurita]

estrela-do-mar (f)	tapak sulaiman	[tapak sulajman]
ouriço-do-mar (m)	landak laut	[landak laut]
cavalo-marinho (m)	kuda laut	[kuda laut]

ostra (f)	tiram	[tiram]
camarão (m)	udang	[udaŋ]

| lagosta (f) | udang karang | [udaŋ karaŋ] |
| lagosta (f) | udang krai | [udaŋ kraj] |

182. Anfíbios. Répteis

| cobra (f) | ular | [ular] |
| venenoso (adj) | beracun | [bɛratʃun] |

víbora (f)	ular beludak	[ular bɛludak]
naja (f)	kobra	[kobra]
píton (m)	ular sawa	[ular sava]
jiboia (f)	ular boa	[ular boa]

cobra-de-água (f)	ular cincin emas	[ular tʃintʃin ɛmas]
cascavel (f)	ular orok-orok	[ular orok orok]
anaconda (f)	ular anaconda	[ular anakonda]

lagarto (m)	cicak	[tʃitʃak]
iguana (f)	iguana	[iguana]
varano (m)	biawak	[biavak]
salamandra (f)	salamander	[salamandɛr]
camaleão (m)	sumpah-sumpah	[sumpah sumpah]
escorpião (m)	kala jengking	[kala dʒɛŋkiŋ]

tartaruga (f)	kura-kura	[kura kura]
rã (f)	katak	[katak]
sapo (m)	katak puru	[katak puru]
crocodilo (m)	buaya	[buaja]

183. Insetos

inseto (m)	serangga	[sɛraŋga]
borboleta (f)	rama-rama	[rama rama]
formiga (f)	semut	[sɛmut]
mosca (f)	lalat	[lalat]
mosquito (m)	nyamuk	[njamuk]
escaravelho (m)	kumbang	[kumbaŋ]

vespa (f)	penyengat	[pɛnjeŋat]
abelha (f)	lebah	[lɛbah]
mamangaba (f)	kumbang	[kumbaŋ]
moscardo (m)	lalat kerbau	[lalat kɛrbau]

| aranha (f) | labah-labah | [labah labah] |
| teia (f) de aranha | sarang labah-labah | [saraŋ labah labah] |

libélula (f)	pepatung	[pɛpatuŋ]
gafanhoto (m)	belalang	[bɛlalaŋ]
traça (f)	kupu-kupu	[kupu kupu]

| barata (f) | lipas | [lipas] |
| carrapato (m) | cengkenit | [tʃɛŋkɛnit] |

| pulga (f) | pinjal | [pindʒal] |
| borrachudo (m) | agas | [agas] |

gafanhoto (m)	belalang juta	[bɛlalaŋ dʒuta]
caracol (m)	siput	[siput]
grilo (m)	cengkerik	[ʧɛŋkrik]
pirilampo, vaga-lume (m)	kelip-kelip	[klip klip]
joaninha (f)	kumbang kura-Kura	[kumbaŋ kura kura]
besouro (m)	kumbang kabai	[kumbaŋ kabaj]

sanguessuga (f)	lintah	[lintah]
lagarta (f)	ulat bulu	[ulat bulu]
minhoca (f)	cacing	[ʧaʧiŋ]
larva (f)	larva	[larva]

184. Animais. Partes do corpo

bico (m)	paruh	[paruh]
asas (f pl)	sayap	[sajap]
pata (f)	kaki	[kaki]
plumagem (f)	bulu	[bulu]
pena, pluma (f)	bulu pelepah	[bulu pɛlɛpah]
crista (f)	jambul	[dʒambul]

brânquias, guelras (f pl)	insang	[insaŋ]
ovas (f pl)	telur ikan	[tɛlur ikan]
larva (f)	larva	[larva]
barbatana (f)	sirip	[sirip]
escama (f)	sisik	[sisik]

presa (f)	taring	[tariŋ]
pata (f)	kaki	[kaki]
focinho (m)	muncung	[munʧuŋ]
boca (f)	mulut	[mulut]
cauda (f), rabo (m)	ekor	[ekor]
bigodes (m pl)	misai	[misaj]

| casco (m) | kuku-tapak | [kuku tapak] |
| corno (m) | tanduk | [tanduk] |

carapaça (f)	tempurung kura-kura	[tɛmpuruŋ kura kura]
concha (f)	cangkerang	[ʧaŋkraŋ]
casca (f) de ovo	kulit telur	[kulit tɛlur]

| pelo (m) | bulu | [bulu] |
| pele (f), couro (m) | kulit | [kulit] |

185. Animais. Habitats

hábitat (m)	habitat	[habitat]
migração (f)	penghijrahan	[pɛŋɣidʒrahan]
montanha (f)	gunung	[gunuŋ]

| recife (m) | terumbu | [tɛrumbu] |
| falésia (f) | cenuram | [ʧɛnuram] |

floresta (f)	hutan	[hutan]
selva (f)	rimba	[rimba]
savana (f)	savanna	[savana]
tundra (f)	tundra	[tundra]

estepe (f)	steppe	[step]
deserto (m)	gurun	[gurun]
oásis (m)	wahah	[vahah]

mar (m)	laut	[laut]
lago (m)	tasik	[tasik]
oceano (m)	lautan	[lautan]

pântano (m)	bencah	[bɛnʧah]
de água doce	air tawar	[air tavar]
lagoa (f)	kolam	[kolam]
rio (m)	sungai	[suŋaj]

toca (f) do urso	jerumun	[dʒɛrumun]
ninho (m)	sarang	[saraŋ]
buraco (m) de árvore	lubang pokok	[lubaŋ pokok]
toca (f)	lubang dalam tanah	[lubaŋ dalam tanah]
formigueiro (m)	busut semut	[busut sɛmut]

Flora

186. Árvores

árvore (f)	pokok	[pokok]
decídua (adj)	daun luruh	[daun luruh]
conífera (adj)	konifer	[konifer]
perene (adj)	malar hijau	[malar hidʒau]
macieira (f)	pokok epal	[pokok epal]
pereira (f)	pokok pear	[pokok pɛar]
cerejeira (f)	pokok ceri manis	[pokok tʃeri manis]
ginjeira (f)	pokok ceri	[pokok tʃeri]
ameixeira (f)	pokok plam	[pokok plam]
bétula (f)	pokok birch	[pokok 'bøtʃ]
carvalho (m)	oak	[ouk]
tília (f)	pokok linden	[pokok linden]
choupo-tremedor (m)	pokok aspen	[pokok aspen]
bordo (m)	pokok mapel	[pokok mapel]
espruce (m)	pokok fir	[pokok fir]
pinheiro (m)	pokok pain	[pokok pajn]
alerce, lariço (m)	pokok larch	[pokok lartʃ]
abeto (m)	fir	[fir]
cedro (m)	pokok cedar	[pokok sidɛr]
choupo, álamo (m)	pokok poplar	[pokok poplar]
tramazeira (f)	pokok rowan	[pokok rovan]
salgueiro (m)	pokok willow	[pokok villou]
amieiro (m)	pokok alder	[pokok alder]
faia (f)	pokok bic	[pokok bitʃ]
ulmeiro, olmo (m)	pokok elm	[pokok ɛlm]
freixo (m)	pokok abu	[pokok abu]
castanheiro (m)	berangan	[bɛraŋan]
magnólia (f)	magnolia	[magnolia]
palmeira (f)	palma	[palma]
cipreste (m)	pokok cipres	[pokok tʃipres]
mangue (m)	bakau	[bakau]
embondeiro, baobá (m)	baobab	[baobab]
eucalipto (m)	eukaliptus	[ɛukaliptus]
sequoia (f)	sequoia	[sekuoja]

187. Arbustos

arbusto (m)	pokok	[pokok]
arbusto (m), moita (f)	pokok renek	[pokok renek]

videira (f)	**pokok anggur**	[pokok aŋgur]
vinhedo (m)	**kebun anggur**	[qbun aŋgur]

framboeseira (f)	**pokok raspberi**	[pokok rasberi]
groselheira-negra (f)	**pokok beri hitam**	[pokok kismis hitam]
groselheira-vermelha (f)	**pokok kismis merah**	[pokok kismis merah]
groselheira (f) espinhosa	**pokok gusberi**	[pokok gusberi]

acácia (f)	**pokok akasia**	[pokok akasia]
bérberis (f)	**pokok barberi**	[pokok barberi]
jasmim (m)	**melati**	[m'lati]

junípero (m)	**pokok juniper**	[pokok dʒuniper]
roseira (f)	**pokok mawar**	[pokok mavar]
roseira (f) brava	**brayer**	[brajer]

188. Cogumelos

cogumelo (m)	**cendawan**	[ʧɛndavan]
cogumelo (m) comestível	**cendawan yang boleh dimakan**	[ʧɛndavan jaŋ bole dimakan]
cogumelo (m) venenoso	**cendawan yang beracun**	[ʧɛndavan jaŋ bɛraʧun]
chapéu (m)	**kepala**	[kɛpala]
pé, caule (m)	**batang**	[bataŋ]

boleto, porcino (m)	**boletus**	[boletus]
boleto (m) alaranjado	**cendawan topi jingga**	[ʧɛndavan topi dʒiŋga]
boleto (m) de bétula	**cendawan boletus birc**	[ʧɛndavan boletus birʧ]
cantarelo (m)	**cendawan chanterelle**	[ʧɛndavan ʧɛnterel]
rússula (f)	**cendawan rusula**	[ʧɛndavan rusula]

morchella (f)	**cendawan morel**	[ʧɛndavan morel]
agário-das-moscas (m)	**cendawan Amanita muscaria**	[ʧɛndavan amanita muskaria]
cicuta (f) verde	**cendawan kep kematian**	[ʧɛndavan kep kɛmatian]

189. Frutos. Bagas

fruta (f)	**buah**	[buah]
frutas (f pl)	**buah-buahan**	[buah buahan]

maçã (f)	**epal**	[epal]
pera (f)	**buah pear**	[buah pear]
ameixa (f)	**plam**	[plam]

morango (m)	**strawberi**	[stroberi]
ginja (f)	**buah ceri**	[buah ʧeri]
cereja (f)	**ceri manis**	[ʧeri manis]
uva (f)	**anggur**	[aŋgur]

framboesa (f)	**raspberi**	[rasberi]
groselha (f) negra	**beri hitam**	[beri hitam]

groselha (f) vermelha	buah kismis merah	[buah kismis merah]
groselha (f) espinhosa	buah gusberi	[buah gusberi]
oxicoco (m)	kranberi	[kranberi]

laranja (f)	jeruk manis	[dʒeruk manis]
tangerina (f)	limau mandarin	[limau mandarin]
abacaxi (m)	nanas	[nanas]
banana (f)	pisang	[pisaŋ]
tâmara (f)	buah kurma	[buah kurma]

limão (m)	lemon	[lemon]
damasco (m)	aprikot	[aprikot]
pêssego (m)	pic	[pitʃ]
quiuí (m)	kiwi	[kivi]
toranja (f)	limau gedang	[limau gɛdaŋ]

baga (f)	buah beri	[buah beri]
bagas (f pl)	buah-buah beri	[buah buah beri]
arando (m) vermelho	cowberry	[kauberi]
morango-silvestre (m)	strawberi	[stroberi]
mirtilo (m)	buah bilberi	[buah bilberi]

190. Flores. Plantas

| flor (f) | bunga | [buŋa] |
| buquê (m) de flores | jambak bunga | [dʒambak buŋa] |

rosa (f)	mawar	[mavar]
tulipa (f)	tulip	[tulip]
cravo (m)	bunga teluki	[buŋa tɛluki]
gladíolo (m)	bunga gladiola	[buŋa gladiola]

centáurea (f)	bunga butang	[buŋa butaŋ]
campainha (f)	bunga loceng	[buŋa lotʃɛŋ]
dente-de-leão (m)	dandelion	[dandelion]
camomila (f)	bunga camomile	[buŋa kɛmomajl]

aloé (m)	lidah buaya	[lidah buaja]
cacto (m)	kaktus	[kaktus]
fícus (m)	pokok ara	[pokok ara]

lírio (m)	bunga lili	[buŋa lili]
gerânio (m)	geranium	[geranium]
jacinto (m)	bunga lembayung	[buŋa lɛmbajuŋ]

mimosa (f)	bunga semalu	[buŋa sɛmalu]
narciso (m)	bunga narsisus	[buŋa narsisus]
capuchinha (f)	bunga nasturtium	[buŋa nasturtium]

orquídea (f)	anggerik, okid	[aŋgrik], [okid]
peônia (f)	bunga peony	[buŋa peoni]
violeta (f)	bunga violet	[buŋa violɛt]
amor-perfeito (m)	bunga pansy	[buŋa pɛnsi]
não-me-esqueças (m)	bunga jangan lupakan daku	[buŋa dʒaŋan lupakan daku]

margarida (f)	bunga daisi	[buŋa dajsi]
papoula (f)	bunga popi	[buŋa popi]
cânhamo (m)	hem	[hem]
hortelã, menta (f)	mint	[mint]

lírio-do-vale (m)	lili lembah	[lili lɛmbah]
campânula-branca (f)	bunga titisan salji	[buŋa titisan saldʒi]

urtiga (f)	netel	[netel]
azedinha (f)	sorrel	[sorel]
nenúfar (m)	bunga telepok	[buŋa tɛlepok]
samambaia (f)	paku-pakis	[paku pakis]
líquen (m)	liken	[liken]

estufa (f)	rumah hijau	[rumah hidʒau]
gramado (m)	lon	[lon]
canteiro (m) de flores	batas bunga	[batas buŋa]

planta (f)	tumbuhan	[tumbuhan]
grama (f)	rumput	[rumput]
folha (f) de grama	sehelai rumput	[sɛhelaj rumput]

folha (f)	daun	[daun]
pétala (f)	kelopak	[kɛlopak]
talo (m)	batang	[bataŋ]
tubérculo (m)	ubi	[ubi]

broto, rebento (m)	tunas	[tunas]
espinho (m)	duri	[duri]

florescer (vi)	berbunga	[bɛrbuŋa]
murchar (vi)	layu	[laju]
cheiro (m)	bau	[bau]
cortar (flores)	memotong	[mɛmotoŋ]
colher (uma flor)	memetik	[mɛmɛtik]

191. Cereais, grãos

grão (m)	biji-bijian	[bidʒi bidʒian]
cereais (plantas)	padi-padian	[padi padian]
espiga (f)	bulir	[bulir]

trigo (m)	gandum	[gandum]
centeio (m)	rai	[raj]
aveia (f)	oat	[oat]
painço (m)	sekoi	[sɛkoj]
cevada (f)	barli	[barli]

milho (m)	jagung	[dʒaguŋ]
arroz (m)	beras	[bras]
trigo-sarraceno (m)	bakwit	[bakvit]

ervilha (f)	kacang sepat	[katʃaŋ sɛpat]
feijão (m) roxo	kacang buncis	[katʃaŋ buntʃis]

soja (f)	kacang soya	[katʃaŋ soja]
lentilha (f)	kacang lentil	[katʃaŋ lentil]
feijão (m)	kacang	[katʃaŋ]

GEOGRAFIA REGIONAL

Países. Nacionalidades

192. Política. Governo. Parte 1

política (f)	politik	[politik]
político (adj)	politik	[politik]
político (m)	ahli politik	[ahli politik]
estado (m)	negara	[nɛgara]
cidadão (m)	rakyat	[rakjat]
cidadania (f)	kerakyatan	[kɛrakjatan]
brasão (m) de armas	jata negara	[dʒata nɛgara]
hino (m) nacional	lagu kebangsaan	[lagu kɛbaŋsaan]
governo (m)	kerajaan	[kɛradʒaan]
Chefe (m) de Estado	kepala negara	[kɛpala nɛgara]
parlamento (m)	parlimen	[parlimɛn]
partido (m)	parti	[parti]
capitalismo (m)	kapitalisme	[kapitalismɛ]
capitalista (adj)	kapitalis	[kapitalis]
socialismo (m)	sosialisme	[sosialismɛ]
socialista (adj)	sosialis	[sosialis]
comunismo (m)	komunisme	[komunismɛ]
comunista (adj)	komunis	[komunis]
comunista (m)	orang komunis	[oraŋ komunis]
democracia (f)	demokrasi	[demokrasi]
democrata (m)	demokrat	[demokrat]
democrático (adj)	demokratik	[demokratik]
Partido (m) Democrático	Parti Demokrat	[parti demokrat]
liberal (m)	orang liberal	[oraŋ liberal]
liberal (adj)	liberal	[liberal]
conservador (m)	orang yang konservatif	[oraŋ jaŋ konservatif]
conservador (adj)	konservatif	[konservatif]
república (f)	republik	[republik]
republicano (m)	ahli Parti Republikan	[ahli parti republikan]
Partido (m) Republicano	Parti Republikan	[parti republikan]
eleições (f pl)	pilihan raya	[pilihan raja]
eleger (vt)	memilih	[mɛmilih]
eleitor (m)	pengundi	[pɛŋundi]

campanha (f) eleitoral	kempen pilihan raya	[kempen pilihan raja]
votação (f)	pengundian	[pɛŋundian]
votar (vi)	mengundi	[mɛŋundi]
sufrágio (m)	hak mengundi	[hak mɛŋundi]
candidato (m)	calon	[ʧalon]
candidatar-se (vi)	mencalonkan diri	[mɛnʧaloŋkan diri]
campanha (f)	kempen	[kempen]
da oposição	pembangkang	[pɛmbaŋkaŋ]
oposição (f)	bangkangan	[baŋkaŋan]
visita (f)	lawatan	[lavatan]
visita (f) oficial	lawatan rasmi	[lavatan rasmi]
internacional (adj)	antarabangsa	[antarabaŋsa]
negociações (f pl)	rundingan	[rundiŋan]
negociar (vi)	mengadakan rundingan	[mɛŋadakan rundiŋan]

193. Política. Governo. Parte 2

sociedade (f)	masyarakat	[maçarakat]
constituição (f)	perlembagaan	[pɛrlɛmbagaan]
poder (ir para o ~)	kekuasaan	[kɛkuasaan]
corrupção (f)	rasuah	[rasuah]
lei (f)	undang-undang	[undaŋ undaŋ]
legal (adj)	sah	[sah]
justeza (f)	keadilan	[kɛadilan]
justo (adj)	adil	[adil]
comitê (m)	jawatankuasa	[dʒavataŋkwasa]
projeto-lei (m)	rang undang-undang	[raŋ undaŋ undaŋ]
orçamento (m)	bajet	[badʒet]
política (f)	dasar	[dasar]
reforma (f)	reformasi	[reformasi]
radical (adj)	radikal	[radikal]
força (f)	kuasa	[kuasa]
poderoso (adj)	adi kuasa	[adi kuasa]
partidário (m)	penyokong	[pɛnjokoŋ]
influência (f)	pengaruh	[pɛŋaruh]
regime (m)	rejim	[redʒim]
conflito (m)	sengketa	[sɛŋketa]
conspiração (f)	komplotan	[komplotan]
provocação (f)	provokasi	[provokasi]
derrubar (vt)	menggulingkan	[mɛŋguliŋkan]
derrube (m), queda (f)	penggulingan	[pɛŋguliŋan]
revolução (f)	revolusi	[revolusi]
golpe (m) de Estado	rampasan kuasa	[rampasan kuasa]
golpe (m) militar	kudeta tentera	[kudeta tɛntra]

crise (f)	krisis	[krisis]
recessão (f) econômica	kemerosotan ekonomi	[kɛmɛrosotan ekonomi]
manifestante (m)	petunjuk perasaan	[pɛtundʒuk pɛrasaan]
manifestação (f)	tunjuk perasaan	[tundʒuk pɛrasaan]
lei (f) marcial	keadaan darurat	[kɛadaan darurat]
base (f) militar	pangkalan tentera	[paŋkalan tɛntra]

estabilidade (f)	kestabilan	[kɛstabilan]
estável (adj)	stabil	[stabil]

exploração (f)	eksploitasi	[eksplojtasi]
explorar (vt)	mengeksploit	[mɛŋeksplojt]

racismo (m)	rasisme	[rasismɛ]
racista (m)	rasis	[rasis]
fascismo (m)	fasisme	[fasismɛ]
fascista (m)	orang fasis	[oraŋ fasis]

194. Países. Diversos

estrangeiro (m)	orang asing	[oraŋ asiŋ]
estrangeiro (adj)	asing	[asiŋ]
no estrangeiro	di luar negara	[di luar nɛgara]

emigrante (m)	penghijrah	[pɛŋɣidʒrah]
emigração (f)	penghijrahan	[pɛŋɣidʒrahan]
emigrar (vi)	berhijrah	[bɛrhidʒrah]

Ocidente (m)	Barat	[barat]
Oriente (m)	Timur	[timur]
Extremo Oriente (m)	Timur Jauh	[timur dʒauh]

civilização (f)	tamadun	[tamadun]
humanidade (f)	umat manusia	[umat manusia]
mundo (m)	dunia	[dunia]
paz (f)	keamanan	[kɛamanan]
mundial (adj)	sedunia	[sɛdunia]

pátria (f)	tanah air	[tanah air]
povo (população)	rakyat	[rakjat]
população (f)	penduduk	[pɛnduduk]
gente (f)	orang ramai	[oraŋ ramaj]
nação (f)	bangsa	[baŋsa]
geração (f)	generasi	[generasi]

território (m)	wilayah	[vilajah]
região (f)	kawasan	[kavasan]
estado (m)	negeri	[nɛgri]

tradição (f)	tradisi	[tradisi]
costume (m)	kebiasaan	[kɛbiasaan]
ecologia (f)	ekologi	[ekologi]
índio (m)	Indian	[indian]
cigano (m)	lelaki Jipsi	[lɛlaki dʒipsi]

| cigana (f) | perempuan Jipsi | [pɛrɛmpuan dʒipsi] |
| cigano (adj) | Jipsi | [dʒipsi] |

império (m)	empayar	[empajar]
colônia (f)	tanah jajahan	[tanah dʒadʒahan]
escravidão (f)	perhambaan	[pɛrhambaan]
invasão (f)	serangan	[sɛraŋan]
fome (f)	kebuluran	[kɛbuluran]

195. Grupos religiosos mais importantes. Confissões

| religião (f) | agama | [agama] |
| religioso (adj) | agama | [agama] |

crença (f)	kepercayaan	[kɛpɛrtʃajaan]
crer (vt)	percaya	[pɛrtʃaja]
crente (m)	penganut agama	[pɛŋanut agama]

| ateísmo (m) | ateisme | [ateismɛ] |
| ateu (m) | ateis | [ateis] |

cristianismo (m)	agama Kristian	[agama kristian]
cristão (m)	orang Kristian	[oraŋ kristian]
cristão (adj)	Kristian	[kristian]

catolicismo (m)	Katolikisme	[katolikismɛ]
católico (m)	Katolik	[katolik]
católico (adj)	Katolik	[katolik]

protestantismo (m)	Protestanisme	[protestanismɛ]
Igreja (f) Protestante	Gereja Protestan	[gɛredʒa protestan]
protestante (m)	Protestan	[protestan]

ortodoxia (f)	Ortodoksi	[ortodoksi]
Igreja (f) Ortodoxa	Gereja Ortodoks	[gɛredʒa ortodoks]
ortodoxo (m)	Ortodoksi	[ortodoksi]

presbiterianismo (m)	Presbyterianisme	[presbiterianismɛ]
Igreja (f) Presbiteriana	Gereja Presbyterian	[gɛredʒa presbiterian]
presbiteriano (m)	penganut Gereja Presbyterian	[pɛŋanut gɛredʒa presbiterian]

| luteranismo (m) | Gereja Luther | [gɛredʒa luter] |
| luterano (m) | pengikut faham Luther | [pɛŋikut faham luter] |

| Igreja (f) Batista | Gereja Baptis | [gɛredʒa baptis] |
| batista (m) | Penganut Agama Kristian Baptis | [pɛŋanut agama kristian baptis] |

Igreja (f) Anglicana	Gereja Anglikan	[gɛredʒa aŋlikan]
anglicano (m)	penganut Anglikanisme	[pɛŋanut aŋlikanismɛ]
mormonismo (m)	Mormonisme	[mormonismɛ]
mórmon (m)	Mormon	[mormon]
Judaísmo (m)	agama Yahudi	[agama jahudi]

judeu (m)	orang Yahudi	[oraŋ jahudi]
budismo (m)	agama Budha	[agama budha]
budista (m)	penganut agama Budha	[pɛŋanut agama budha]

| hinduísmo (m) | Hinduisme | [hinduismɛ] |
| hindu (m) | orang Hindu | [oraŋ hindu] |

Islã (m)	Islam	[islam]
muçulmano (m)	Muslim	[muslim]
muçulmano (adj)	Muslim	[muslim]

xiismo (m)	Syiah	[ʃiah]
xiita (m)	penganut Syiah	[pɛŋanut ʃiah]
sunismo (m)	faham Sunah	[faham sunah]
sunita (m)	ahli Sunah	[ahli sunah]

196. Religiões. Padres

| padre (m) | paderi | [padri] |
| Papa (m) | Paus | [paus] |

monge (m)	biarawan	[biaravan]
freira (f)	biarawati	[biaravati]
pastor (m)	paderi	[padri]

abade (m)	kepala biara	[kɛpala biara]
vigário (m)	vikar	[vikar]
bispo (m)	uskup	[uskup]
cardeal (m)	kardinal	[kardinal]

pregador (m)	pengkhutbah	[pɛŋhutbah]
sermão (m)	khutbah	[hutbah]
paroquianos (pl)	ahli kariah	[ahli kariah]

| crente (m) | penganut agama | [pɛŋanut agama] |
| ateu (m) | ateis | [ateis] |

197. Fé. Cristianismo. Islão

| Adão | Adam | [adam] |
| Eva | Hawa | [hava] |

Deus (m)	Tuhan	[tuhan]
Senhor (m)	Tuhan	[tuhan]
Todo Poderoso (m)	Maha Berkuasa	[maha bɛrkuasa]

pecado (m)	dosa	[dosa]
pecar (vi)	berdosa	[bɛrdosa]
pecador (m)	pedosa lelaki	[pɛdosa lɛlaki]
pecadora (f)	pedosa perempuan	[pɛdosa pɛrɛmpuan]
inferno (m)	neraka	[nɛraka]
paraíso (m)	syurga	[ɕurga]

Jesus	**Jesus**	[dʒesus]
Jesus Cristo	**Jesus Christ**	[dʒesus krajst]

Espírito (m) Santo	**Roh Kudus**	[roh kudus]
Salvador (m)	**Penyelamat**	[pɛnjelamat]
Virgem Maria (f)	**Maryam**	[marjam]

Diabo (m)	**Syaitan**	[ɕajtan]
diabólico (adj)	**Syaitan**	[ɕajtan]
Satanás (m)	**Syaitan**	[ɕajtan]
satânico (adj)	**Syaitan**	[ɕajtan]

anjo (m)	**malaikat**	[malaikat]
anjo (m) da guarda	**malaikat pelindung**	[malaikat pɛlinduŋ]
angelical	**malaikat**	[malaikat]

apóstolo (m)	**rasul**	[rasul]
arcanjo (m)	**malaikat utama**	[malaikat utama]
anticristo (m)	**Anti-Al-Masih**	[anti al masih]

Igreja (f)	**Gereja**	[gɛredʒa]
Bíblia (f)	**Kitab Injil**	[kitab indʒil]
bíblico (adj)	**Injil**	[indʒil]

Velho Testamento (m)	**Perjanjian Lama**	[pɛrdʒandʒian lama]
Novo Testamento (m)	**Perjanjian Baru**	[pɛrdʒandʒian baru]
Evangelho (m)	**Kitab Injil**	[kitab indʒil]
Sagradas Escrituras (f pl)	**Kitab Suci**	[kitab sutʃi]
Céu (sete céus)	**Syurga**	[ɕurga]

mandamento (m)	**rukun**	[rukun]
profeta (m)	**nabi**	[nabi]
profecia (f)	**ramalan**	[ramalan]

Alá (m)	**Allah**	[alah]
Maomé (m)	**Muhammad**	[muhamad]
Alcorão (m)	**Al Quran**	[al kuran]

mesquita (f)	**masjid**	[masdʒid]
mulá (m)	**mullah**	[mulah]
oração (f)	**sembahyang**	[sɛmbaɦjaŋ]
rezar, orar (vi)	**bersembahyang**	[bɛrsɛmbaɦjaŋ]

peregrinação (f)	**ziarah**	[ziarah]
peregrino (m)	**peziarah**	[pɛziarah]
Meca (f)	**Makkah**	[makah]

igreja (f)	**gereja**	[gɛredʒa]
templo (m)	**rumah ibadat**	[rumah ibadat]
catedral (f)	**katedral**	[katɛdral]
gótico (adj)	**Gothik**	[gotik]
sinagoga (f)	**saumaah**	[saumaah]
mesquita (f)	**masjid**	[masdʒid]

capela (f)	**capel**	[tʃapel]
abadia (f)	**biara**	[biara]

| convento (m) | biara | [biara] |
| monastério (m) | biara | [biara] |

sino (m)	loceng	[loʧeŋ]
campanário (m)	menara loceng	[mɛnara loʧeŋ]
repicar (vi)	berbunyi	[bɛrbunji]

cruz (f)	salib	[salib]
cúpula (f)	kubah	[kubah]
ícone (m)	ikon	[ikon]

alma (f)	jiwa	[dʒiva]
destino (m)	takdir	[takdir]
mal (m)	kejahatan	[kɛdʒahatan]
bem (m)	kebaikan	[kɛbaikan]

vampiro (m)	vampir	[vampir]
bruxa (f)	langsuir	[laŋsuir]
demônio (m)	hantu	[hantu]
espírito (m)	roh	[roh]

| redenção (f) | penebusan | [pɛnɛbusan] |
| redimir (vt) | menebus | [mɛnɛbus] |

missa (f)	misa	[misa]
celebrar a missa	melangsungkan misa	[mɛlaŋsuŋkan misa]
confissão (f)	pengakuan dosa	[pɛŋakuan dosa]
confessar-se (vr)	mengaku dosa	[mɛŋaku dosa]

santo (m)	orang suci	[oraŋ suʧi]
sagrado (adj)	suci	[suʧi]
água (f) benta	air suci	[air suʧi]

ritual (m)	ritual	[ritual]
ritual (adj)	ritual	[ritual]
sacrifício (m)	pengorbangan	[pɛŋorbaŋan]

superstição (f)	kepercayaan karut	[kɛpɛrʧajaan karut]
supersticioso (adj)	yang percaya kepada kepercayaan karut	[jaŋ pɛrʧaja kɛpada kɛpɛrʧajaan karut]
vida (f) após a morte	akhirat	[aχirat]
vida (f) eterna	hidup abadi	[hidup abadi]

TEMAS DIVERSOS

198. Várias palavras úteis

ajuda (f)	bantuan	[bantuan]
barreira (f)	rintangan	[rintaŋan]
base (f)	pangkalan	[paŋkalan]
categoria (f)	kategori	[katɛgori]
causa (f)	sebab	[sɛbab]
coincidência (f)	kebetulan	[kɛbɛtulan]
coisa (f)	barang	[baraŋ]
começo, início (m)	permulaan	[pɛrmulaan]
cômodo (ex. poltrona ~a)	selesa	[sɛlesa]
comparação (f)	perbandingan	[pɛrbandiŋan]
compensação (f)	ganti rugi	[ganti rugi]
crescimento (m)	pertumbuhan	[pɛrtumbuhan]
desenvolvimento (m)	perkembangan	[pɛrkɛmbaŋan]
diferença (f)	perbezaan	[pɛrbɛzaan]
efeito (m)	kesan	[kɛsan]
elemento (m)	unsur	[unsur]
equilíbrio (m)	perimbangan	[pɛrimbaŋan]
erro (m)	kesalahan	[kɛsalahan]
esforço (m)	usaha	[usaha]
estilo (m)	gaya	[gaja]
exemplo (m)	contoh	[ʧontoh]
fato (m)	fakta	[fakta]
fim (m)	akhir	[aҳir]
forma (f)	bentuk, rupa	[bɛntuk], [rupa]
frequente (adj)	kerap	[kɛrap]
fundo (ex. ~ verde)	latar belakang	[latar blakaŋ]
gênero (tipo)	jenis	[dʒɛnis]
grau (m)	peringkat	[priŋkat]
ideal (m)	ideal	[ideal]
labirinto (m)	labirin	[labirin]
modo (m)	cara	[ʧara]
momento (m)	saat, sekejap mata	[saat], [sɛkɛdʒap mata]
objeto (m)	objek	[obdʒek]
obstáculo (m)	rintangan	[rintaŋan]
original (m)	original	[original]
padrão (adj)	piawai	[piavaj]
padrão (m)	piawaian	[piavajan]
paragem (pausa)	perhentian	[pɛrhɛntian]
parte (f)	bahagian	[bahagian]

partícula (f)	sekelumit	[sɛkɛlumit]
pausa (f)	rehat	[rehat]
posição (f)	kedudukan	[kɛdudukan]
princípio (m)	prinsip	[prinsip]

problema (m)	masalah	[masalah]
processo (m)	proses	[proses]
progresso (m)	kemajuan	[kɛmadʒuan]
propriedade (qualidade)	sifat	[sifat]

reação (f)	reaksi	[reaksi]
risco (m)	risiko	[risiko]
ritmo (m)	kadar	[kadar]
segredo (m)	rahsia	[rahsia]
série (f)	siri	[siri]

sistema (m)	sistem	[sistɛm]
situação (f)	keadaan	[kɛadaan]
solução (f)	penyelesaian	[pɛnjelɛsajan]
tabela (f)	carta	[tʃarta]
termo (ex. ~ técnico)	istilah	[istilah]

tipo (m)	jenis	[dʒɛnis]
urgente (adj)	segera	[sɛgɛra]
urgentemente	segera	[sɛgɛra]
utilidade (f)	guna	[guna]

variante (f)	varian	[varian]
variedade (f)	pilihan	[pilihan]
verdade (f)	kebenaran	[kɛbɛnaran]
vez (f)	giliran	[giliran]
zona (f)	zon	[zon]

www.ingramcontent.com/pod-product-compliance
Lightning Source LLC
Chambersburg PA
CBHW071339090426
42738CB00012B/2944